V&R

Werner H. Schmidt

Jeremia und seine Verkündigung

Mit einem Überblick über das alttestamentliche Erbe

VANDENHOECK & RUPRECHT

Bibliografische Information der Deutschen Nationalbibliothek:
Die Deutsche Nationalbibliothek verzeichnet diese Publikation in der Deutschen Nationalbibliografie; detaillierte bibliografische Daten sind im Internet über https://dnb.de abrufbar.

Satz: SchwabScantechnik, Göttingen
Druck und Bindung: Hubert & Co, Ergolding
Printed in the EU

Vandenhoeck & Ruprecht Verlage | www.vandenhoeck-ruprecht-verlage.com
E-Mail: info@v-r.de

ISBN 978-3-525-50224-2 (print)
ISBN 978-3-666-50224-8 (digital)

Inhalt

Einstimmung

»Wir glauben an den Heiligen Geist ..., der gesprochen hat durch die Propheten.« Das ökumenische trinitarische Bekenntnis von Nizäa (325) wird in Konstantinopel (381 n. Chr.) im 3. Artikel auch um diese Aussage erweitert.[1] Damit nimmt es *ausdrücklich* alttestamentliche Überlieferung auf. Die schon im Neuen Testament (Hebr 1,1) belegte Aussage: »geredet durch die Propheten« hielt man für so wichtig, dass man sie festhalten wollte, wohl insbesondere um der Verheißungen willen (vgl. Röm 1,2). So erkennt das Bekenntnis zugleich die Identität Gottes an: Derselbe Gott wirkte bei den alttestamentlichen Propheten. Jeremia selbst würde sich allerdings nicht auf den Geist, sondern auf das Wort[2] berufen.

Im Rückblick gilt Jeremia als wahrer Prophet (etwa Esr 1,1). In Mt 16,14 wird er[3] neben Elia genannt. Allerdings hat Jeremia selbst kaum so umfassend oder weitgehend Wertschätzung erfahren.

Im Mittelpunkt gegenwärtiger Forschung steht das Propheten*buch.*

Bei dem Versuch einer Rückfrage nach Jeremia sind vor allem zwei Möglichkeiten des Zugangs, der Zusammenhang in der Geschichte der Prophetie sowie innerhalb der eigenen Überlieferung, wichtig. In Aufnahme und Abwandlung von Redeformen, Motiven und Einsichten der sog. Schriftpropheten vor ihm lassen sich einerseits die Gebundenheit, vorsichtiger: die Anregungen, andererseits die Eigenart des Propheten in seiner Situation beobachten, gleichsam die Vorgeschichte von der eigenen Umformung abheben und so in dieser Gestaltung die Intention erkennen. Er steht nicht nur in einer Reihe, sondern ist zugleich

---

1 Im Evangelischen Gesangbuch (= EG) wie im Gotteslob unter Bekenntnissen. Vgl. R. Staats, Das Glaubensbekenntnis von Nizäa-Konstantinopel, 1996, bes. 261; E. Dassmann, Kirchengeschichte II/2, 1999, 57–59. Der Satz knüpft kaum zufällig nicht an die Tora, die »Weisung«, zugespitzt das »Gesetz«, sondern an die Propheten und wohl ihre Verheißungen an. – *Nach* Jeremia verleiht in Aussagen Ezechiels (Ez 37,1; vgl. 3,12.14; 11,1 u. a.), der Erwartung Joel 3,1f oder Jes 42,1; 61,1f der Geist die Vollmacht. Boten sie vom AT her (vgl. etwa das Zitat Apg 2,16f) den Anlass für die Aufnahme in das Bekenntnis zu Nicäa/Konstantinopel?

2 Jer 1,4.11f; 5,13f; 15,16; 23,28 u. a.

3 Über Mk 8,28; Lk 9,19 hinaus; vgl. Mk 9,4; Mt 17,3.

individueller Zeuge. Dabei bleibt die Frage bedeutsam: Ist seine Verkündigung widerspruchsfrei, in sich stimmig oder gar aufeinander bezogen? Meine Hoffnung ist, auf diese Weise Jeremia selbst nahezukommen.

Nach der Katastrophe, der – von ihm angesagten und erlebten – Zerstörung von Stadt und Tempel, traten im Anschluss an seine Botschaft in jüngeren Überarbeitungen verständlicherweise andere theologische Fragen und Absichten hervor.

In der kompakteren Darstellung habe ich aus dem Kommentar oder aus Aufsätzen gelegentlich Ausführungen überarbeitet und »verdichtet« übernommen. Dabei bleibt mir aber die Begründung, zumal durch Textverweise, wichtig, weil sie dem Leser einen Nachvollzug der Auslegung ermöglicht.

Wie in anderen Büchern suche ich jede polemische Äußerung zu meiden und allgemein für Interessierte, auch ohne Hebräisch-Kenntnisse, zugänglich zu bleiben. Nach dem Jeremia-Teil gibt es eine bündige Biographie; im Anhang »Alttestamentliches Erbe« finden sich die bibliographischen Angaben in den Fußnoten.

Einem schon bei früheren Publikationen bewährten, vertrauten Helferkreis möchte ich meinen herzlichen Dank bekunden. Das Interesse am Manuskript von Prof. Dr. Winfried Thiel und Frau Dr. Dr. Gisela Fuchs mit ihrem Mitdenken und ihren Vorschlägen war mir zugleich eine Ermutigung. Dr. Georg Warmuth korrigierte wieder in jeweils mehrstündigen Telefongesprächen überaus sorgfältig und achtete dabei auf die Verständlichkeit der Ausführungen für den Leser.

Auch mein Freund Prof. Dr. Jörg Jeremias, mit dem ich zumal auf gemeinsamen Wanderungen viele Gespräche über theologische Themen, insbesondere über die Prophetie, führte, bestärkte mich, die Aufgabe zu übernehmen. Leider kann ich ihm kein Exemplar mehr übergeben; er verstarb am 3. Oktober 2024.

Wenige Tage später (16./17. Okt.) starb ein anderer Freund und Gesprächspartner, mit dem ich in den letzten Wochen im Austausch über dieses Buch insgesamt stand: Winfried Thiel. Seine Text-Analyse halte ich für einen entscheidenden Forschungsbeitrag; sie bildet vielfach die Grundlage meiner Rückfrage nach Jeremia. Magdalene Pusch möchte ich für die Begleitung danken.

Herrn Dr. I. de Hulster, Frau Renate Rehkopf und Frau Laura Röthele vom Verlag Brill | Vandenhoeck & Ruprecht gilt mein Dank für die Betreuung bei der Drucklegung. Seitdem dieser mit dem Verlag de Gruyter vereint ist, besteht für mich zugleich eine Verbindung mit meinen wissenschaftlich-fachlichen Anfängen: der Erscheinung der Dissertation über das Thema »Königtum Gottes« (BZAW 80, 1961. ^{2}1966) und der »Einführung in das Alte Testament« (1979. ^{5}1995).

Im November 2024 Werner H. Schmidt

I. Jer 1 im Zusammenhang mit der Verkündigung

Jeremias Berufung Jer 1,4–9 (ohne V. 10) im Vergleich mit Moses Beauftragung Ex 3,10–12

Die Stellung von Jeremias Berufungsgeschichte am Anfang gibt ihr einen Vorrang im Buch. Welche Bedeutung kommt ihr zu? Zugleich gehört die Berufungserzählung in eine Geschichte der Prophetie.

Die Überlieferung von *Elia* setzt mit einer Wendung ein, in der sich zwei charakteristische Elemente, die Ich-Rede und der Hinweis auf die Aufgabe, verbinden:

> »So wahr Jahwe/der Herr, der Gott Israels, lebt,
> vor dem (d. h.: in dessen Dienst) ich stehe.«[1]

In der weit ausführlicheren Berufungs-Erzählung von *Mose* (Ex 3) ist die Darstellung mit der Bezeichnung Elohim »Gott« als Wechselrede gestaltet. Nach Gottes Ruf und Moses Antwort (V. 4b), Gottes Selbstvorstellung und Moses Reaktion (V. 6) sowie Gottes Äußerung über die Wahrnehmung der Not des Volkes (V. 9) erfolgt eine viergliedrige Beauftragung:

> *Auftrag*[2]
> (10) »So geh nun, ich will dich zum Pharao senden,
> damit du mein Volk, die Israeliten, aus Ägypten herausführst!«
> *Einwand*
> *Zurückhaltung gegenüber der zugedachten Aufgabe,*
> *Zweifel an der eigenen Fähigkeit*[3]
> (11) Da hielt Mose Gott entgegen: »Wer bin ich, dass ich zum Pharao gehen und die Israeliten aus Ägypten herausführen könnte?«

---

1 1 Kön 17,1; 18,15; vgl. von Elisa 2 Kön 3,14; 5,16; zu »stehen vor« vgl. Jer 15,1.(19); dazu W. Thiel, Könige: BK IX/2, 2019, 38ff.

2 »Ich sende dich«; vgl. Ex 4,13; 5,22; Ri 6,14 u. a.

3 Vgl. Ex 4,10; 6,12.30. Der Vorbehalt im Blick auf die eigene Person (vgl. Ri 6,15; 1 Sam 9,21; 18,18; 1 Kön 3,7) kann sich im größeren Zusammenhang ausweiten auf andere Personen, die mangelnde Zustimmung oder den Unglauben der Hörer (Ex 4,1.8f; vgl. 6,9.12).

Zuspruch Gottes mit Abweisung des Einwands
(12) Da erwiderte er: »Ich werde mit dir sein;
Zeichen zur Bestätigung der Sendung
dies aber soll dir das Zeichen sein, dass ich selbst dich gesandt habe: Wenn du das Volk aus Ägypten herausführst, werdet ihr Gott an diesem Berge dienen.«

Mit einem ähnlichen mehrgliedrigen Aufbau[4] wird Jeremias Berufung (1,4–9) dargestellt, allerdings erheblich abgewandelt:

a) Jeremias Auftrag wird nicht in 3. Person, sondern in *Ich-Rede* erzählt (vgl. nach dem Er- oder Fremd-Bericht in der Auseinandersetzung 26,12: »Jahwe/der Herr hat *mich* gesandt«; auch Am 7,14f).
b) Jeremias Sendung zielt statt auf Handeln auf *»Reden«* (1,7 bzw. »Rufen« 2,2), d.h. Verkündigen.
c) Eine *Gegnerschaft* im Volk wird angedeutet: »Fürchte dich nicht vor ihnen!« (1,8)[5]
d) Die Mitteilung der Berufung greift durch die Vorherbestimmung *»im Mutterleib«* (1,5) zurück in die Zeit vor einer möglichen eigenen Entscheidung; er ist *vor Geburt* »geheiligt«.

Jer 1,10 hebt sich eindeutig von V. 4–9 ab:

a) V. 10 entfaltet V. 5.[6] Dabei erscheint Jeremia nicht nur als Sprecher, sondern als im Auftrag Handelnder (was er innerhalb der Verkündigung in den Symbol- oder Zeichen-Handlungen ist).
b) V. 10 nennt zusammenfassend Heil und Unheil. Vom Heil war zuvor nicht die Rede. »Fürchte dich nicht!« lässt eher an Anklagen und Drohworte denken.
c) V. 10 verallgemeinert das von Jeremia weitergegebene Gotteswort an Baruch 45,4: »Was ich gebaut habe, werde ich zerstören, was ich gepflanzt habe, werde ich ausreißen.«So erweist sich V. 10 als nachträglich und bildet mit dem umfassenden Inhalt das *Motto* der – durch die Sprache

4 Das sog. Berufungsformular Ex 3,10ff ist wahrscheinlich älter als Jer 1,4ff. Vgl. L. Schmidt, Menschlicher Erfolg und Jahwes Initiative: WMANT 38, 1970, 37ff.88ff; dazu W. H. Schmidt, BK II/1, 1988, 123ff, bes. 129. Vgl. noch Ri 6,14–17; 1 Sam 9,16ff.

5 Ausgeführt in der Konfession 15,19–21; wohl von dort aufgenommen innerhalb der redaktionellen Ergänzung 1,15–19 in V. 17–19. Eine Bedrohung durch Zeitgenossen bezeugen etwa 11,18f; 18,18; 20,1f; jedoch auch die Bewahrung: 26,24; 36,19.26.

6 Dabei wechselt V. 10 die Präposition (»über« statt V. 5 »für«) und fügt »Königreiche« hinzu.

verbundenen, aber nicht einförmigen – sog. jeremianisch-deuteronomistischen Redaktion und mit ihr des breit ausgestalteten Buches.[7]

Wie zwei Belege aufweisen, steht Jer 1,4–9 in engem Zusammenhang mit der folgenden sog. Frühzeit-Verkündigung:

a) Gottes Zusage (1,9) »Ich lege meine Worte in deinen Mund« wird mit wörtlicher Übereinstimmung (5,14) aufgenommen und ergänzt: »Ich lege/mache meine Worte in deinem Mund zu Feuer.«[8]
b) Die Beauftragung (1,5) »Ich habe dich zum *Propheten* eingesetzt/bestimmt« wird mit derselben Wendung (6,27) gesteigert oder zugespitzt: »Ich habe dich zum *Prüfer* bestimmt.«[9]

Diese Prüfung steht mit ihrem harten, kaum überbietbaren Ergebnis (6,29f)[10] nicht zufällig am Schluss einer Sammlung und lässt bei der Verlesung des Textes die Reaktion, das »Erschrecken« (36,16; vgl. V. 24), verstehen.

In Kap. 7 (V. 1) beginnt, auch im Stil, etwas Neues.
Die *griechische* Übersetzung (LXX) verbindet das Ende von Kap. 6 und den Anfang von Kap. 7 miteinander zu einer Gottesrede. Hier hat der hebräische Text offenkundig Vorrang.
Umgekehrt bewahrt die griechische Übersetzung eher die ältere Textform in der Einleitung zur Symbolhandlung Jer 19,1[11].
So empfiehlt es sich, für das Verhältnis von hebräischem und griechischem Text keine generelle Theorie zu entwickeln, sondern »jede Variante unvoreingenommen für sich (zu) prüfen«.[12]

Mit der Angabe »Prophet« lässt Jer 1,5b eine Aufgabe zu »reden« erwarten; soll sie aber über das eigene Volk hinaus reichen – für die *Völker?*

---

7 Vgl. die Erläuterung zu Jer 36.

8 Nach der späteren Verkündigung trifft es nicht nur die sog. falschen Propheten (allgemein 23,29), sondern (nach der Konfession 20,9) auch ihn selbst: »in meinem Herzen wie brennendes Feuer ... in meinen Gebeinen«.

9 Man kann fragen, ob der ein wenig auffällige Versteil Jer 1,5b innerhalb der Berufungserzählung später ist und zusammen mit 6,27 in der »Urschrift« (innerhalb von Kap. 1–6) formuliert wurde. Deutet sich auf diese Weise ein früheres Stadium der Berufungsgeschichte an? Die durchgehende Gestaltung von 1,4–9 als Ich-Rede spricht allerdings mehr für eine Einheit.

10 Vgl. 7,29; auch 16,5 u.a. Der Schmelzvorgang ist ähnlich schon bei Jesaja (1,22.25) bezeugt; vgl. U. Wendel, Jesaja und Jeremia 192ff.

11 Vgl. auch zu Jer 29,6.14.

12 Vgl. ATD 20, 41 mit Zitat von W. Thiel.

Das wohl vorgegebene sog. Berufungsformular Ex 3 (V. 10f) bezieht den fremden Herrscher ein.

Unter den auf Jer 1 folgenden zu verkündigenden Worten bedenkt schon 2,10ff im Vergleich andere Völker; erst recht kündet 4,6ff eine fremde Macht an. Es ergeht ein Aufruf wie »Meldet den Völkern!« (4,16) oder »Hört, ihr Völker!« (6,18).

Selbst das erste Völkergedicht über Ägypten Jer 46 (V. [1 f.]3–6) gehört wohl in Jeremias Frühzeit.[13]

Darüber hinaus wird Jer 1,5 – innerhalb der Geschichte der Prophetie – weitergeführt im Gottesknechtlied Jes 49,1.5. Es ist ebenfalls im Ich-Stil formuliert[14], setzt den weiten Horizont voraus und wird um die Zusage von Heil ergänzt. Im Rahmen der Botschaft Deutero-Jesajas wird es durchweg ins Exil datiert, so dass zwischen Jeremia und diesem Zeugnis nur ein Zeitabstand von wenigen Jahrzehnten besteht.[15]

Die Verwobenheit mit der eigenen Überlieferung und die erkennbare Nachwirkung außerhalb des Jeremiabuchs sprechen dafür, dass Jeremias Berufungserzählung (1,4–9) nicht spät und nachträglich entworfen ist.

Stützen weitere Überlegungen nicht diese Folgerung? Jeremia aus Anatot[16] scheint – anders als Jesaja (Jes 7) – in seiner Frühzeit noch nicht am Hof[17] bekannt oder allgemein geschätzt zu sein; er musste sich die Anerkennung erst erwerben, damit seine Verkündigung – zumal bei den Spitzen der Gesellschaft – Beachtung fand. Bedurfte es darum nicht, wie es in einem Fall (26,12) berichtet wird, einer Legitimation, der Begründung seines Auftretens durch Verweis auf seinen Auftrag?

Außerdem bedarf eine Wortsammlung einer Themenangabe oder eines Titels. Eine alte Überschrift, die analog zu Sammlungen von Weisheitsworten (Spr 30,1; 31,1) und vor allem der Amos-Überlieferung (Am 1,1) gebildet ist, erhielt sich in Jer 1,1: »Die Worte Jeremias«, wurde aber ausgestaltet.[18]

---

13 Vgl. B. Huwyler, Jeremia und die Völker; H-J. Stipp, Buchrolle 416.

14 Anders als Jes 42,1–4; aber wie 50,4–9. Die spezifische Aussage von Jer 1,10 spiegelt sich dort nicht wider.

15 Den mehrgliedrigen Motivzusammenhang greift Paulus Gal 1,15f auf, den Völkern das Evangelium zu verkündigen. Jeremia wie Paulus erfahren, seit je vor aller eigenen Erfahrung vorherbestimmt zu sein.

16 Jer 1,1; vgl. 11,21.23; 32,7.

17 Die Erwähnung der Könige in der sog. Frühzeitverkündigung (2,26b; 4,9) gilt weithin als Zusatz. Vgl. demgegenüber die Sprüche über Könige 21,11ff.

18 Vgl. ATD 20, S. 33.43 f.

Nimmt man die Datenangaben 36,1f (nach 1,2) ernst, vollzog sich die *Niederschrift* gut zwei Jahrzehnte nach Jeremias erstem Auftritt. Sie setzt also schon erhebliche *Erfahrung* – einschließlich kritisch-abweisender Haltung, der Ablehnung der Botschaft – voraus.

Trotzdem oder gerade deshalb ist auffällig: Die Berufungserzählung wie die Visionen enthalten keinen Auftrag für einen Ruf zur Umkehr bzw. Buße. In diesem Kern der Überlieferung fehlt selbst ein Schuldaufweis; Themen, die in der Verkündigung eine entscheidende Rolle spielen, erscheinen noch nicht, sei es die Nicht-Einhaltung der Ausschließlichkeit des Glaubens[19] oder die Gerechtigkeit[20]. Gewiss steht Jer 1 nicht zufällig voran.

Auf die Frage »Wen soll ich senden?« scheint *Jesaja* in der Thronratvision (6,5–8) freiwillig zuzustimmen, während Jeremia zögert. Allerdings spricht Jesaja zuvor ein Schuldbekenntnis für sich sowie – stellvertretend – für sein Volk aus und erfährt mit einem nicht nur hörbaren symbolischen Akt durch einen Seraphen: Seine eigene Schuld wird »bedeckt«, gleichsam außer Kraft gesetzt, so vergeben. Auf diese Weise wird er ausgesondert, bevor er sich äußert: »Sende mich!« Seine Bereitschaft oder Fähigkeit, den Auftrag zu übernehmen, besteht also nicht von vornherein als seine eigene, sondern erst als eine ihm gegebene Möglichkeit.

An Jeremia erfolgt die zeichenhafte Berührung des Mundes[21] durch Gott selbst. Das Reden auf Befehl (1,7b) wird in der »Eingabe« des Wortes (V. 9) sinnfällig; so wird der Auftrag bestätigt. Ist der jeweils von einem deutenden Wort begleitete Ritus bei Jesaja eher Voraussetzung, so bei Jeremia die Bevollmächtigung selbst.

Das erläuternde Wort (1,9b) bestimmt den eigentlichen Inhalt der Verkündigung noch nicht näher (vgl. Ez 2,4); er wird Jeremia erst in einer Vision (V. 13f) oder jeweils in der Situation zuteil. Dann kann sich das »eingegebene Wort« in seiner Intention kundtun (wie 5,14). Nach einer auf die Konfession ergehenden Antwort soll Jeremia als Gottes Sprecher »wie mein Mund« (15,19; vgl. 15,16) auftreten.

Der Einwand (1,6), mit dem sich der Betroffene der Aufgabe zu entziehen sucht, argumentiert gleichsam von der Gegenwart her: er ist »(zu) jung«. Als Erwachsener kommt er gegenüber der vorgeburtlichen Erwählung – wohl etwa 20 Jahre – zu spät, äußert auch kein grundsätzliches »Nein«, eher ein »Noch-nicht«.[22]

---

19 Der Vorwurf begegnet innerhalb der redaktionellen Ergänzung 1,15–19 in V. 16.

20 Vgl. u. zur Sozialkritik.

21 Bei der Punktation in Jer 1,9 »er lässt berühren« scheint Jes 6,7 eingewirkt zu haben; vgl. Jer 23,22.

22 Vgl. 1 Kön 3,7; den Mangel an Redegewandtheit Ex 4,10; 6,12. Fehlt Jeremia noch die Mündigkeit, in der Versammlung der Vollbürger aufzutreten?

Demgegenüber vollzieht sich Jeremias Bestimmung weit früher, vor seiner selbständigen Existenz. »Von Mutterleib an bist du mein Gott« bekundet der Psalmenbeter[23] sein Vertrauen. Das besondere Motiv der Erwählung im Mutterleib hat seinen Ursprung bei ägyptischen Aussagen über den Pharao. Hier wird die Vorstellung tiefgreifend abgeändert: Vorherbestimmung nicht zum Herrschen, vielmehr zur Verkündigung – für die Völker. So umgreift die Designation die größtmögliche Distanz: verborgene Enge – äußerste Weite.

Erscheint Jeremias »Ich« zunächst passiv, gegenüber Gott unfrei, so reagiert er im Verlauf des Geschehens rezeptiv, lässt sich auf das Widerfahrnis ein. Sind Dasein und Auftrag für den Propheten gleichsam identisch, so dass die Unterscheidung von Amt und Person kaum mehr möglich ist? Zwar ist Jeremia in seinem Lebensvollzug unausweichlich und ganz gefordert; dennoch kommt er immer wieder als Mensch zu Wort.

Dabei hat die Berufungserzählung nicht nur das Persönliche, sondern auch das Verhältnis zur Gesellschaft im Blick, deutet mit der Aufforderung »Fürchte dich nicht vor ihnen!« (1,8) die Erfahrung einer Gegnerschaft zu den Zeitgenossen an. Ergriffen-Sein und Gefährdung, Individuelles und Kollektives, sind von Anfang an verbunden. Jeremia bekommt eine Zusage – nicht der Bewahrung vor Gefahren, aber des Beistands in ihnen. Bei seiner Aufgabe soll er in Bedrohung oder gar Verfolgung nicht allein sein. Den Berufenen entlässt Gott nicht aus der Verpflichtung, schließt dadurch Bedrohung, Verfolgung und Leiden nicht aus, sichert ihm aber seine Anwesenheit zu, bewahrt ihn so nicht *vor*, jedoch *in* der Gefahr. Damit gibt das Gotteswort den Grund an, der dem Menschen die Übernahme der Aufgabe trotz der Furcht ermöglicht.

Nach Jes 9,7 »sendet der Herr« ein *Wort* und »es fällt nieder«. Bei Jeremia wird es in starkem Maß Thema. Nach der mehrfach, gerade in vermutlich älteren Überlieferungen wiederkehrenden Formulierung ist das Wort *Ereignis* oder Widerfahrnis: es »erging/geschah«.[24] Auch in Ich-Rede:

> »Fanden sich Worte von Dir, so aß ich sie.« (15,16)[25]

---

23 Ps 22,10f; vgl. 71,6; 139,13–15. – Das Thema Schöpfung »ehe ich dich bildete« (Jer 1,5) begegnet nach Am 7,1 auch Jer 3,3; 5,22.24 und wird aufgenommen von der Redaktion 27,5.

24 Jer 1,4.11.13; 2,1 u.a.; in Zeichenhandlungen 13,3.8; 16,1; 18,5; 24,4; vgl. in der Konfession 20,7f. Eine jüngere Sprachgestalt (wie in 1,2; 7,1 u.a.) wandelt jene Form ab; vgl. W. Thiel, BK IX/2 (o. Anm. 1) 43f; auch ThWAT II, 118–121.

25 Das Wort wird von Ezechiel (2,8–3,3) visionär-zeichenhaft ausgestaltet.

Die beiden Visionen Jer 1,11 f.13f

Die folgenden Visionen bilden ein zusammengehörendes Paar.[26] Es erinnert als Selbstbericht in Formmerkmalen und der Grundeinsicht an Amos' Visionen, insbesondere an dessen zweites Paar (Am 7,7f; 8,1f). Beide weisen einerseits – mit eröffnender Frage, Antwort und Deutung – dieselbe Struktur auf. Die sog. Vergewisserungsfrage mit persönlicher Anrede »Was siehst du, Amos bzw. Jeremia?« (1,11; vgl. 24,3) ist nötig, damit die Antwort das »Bild«, das Geschaute, in Sprache überführt; erst so wird das Wortspiel möglich. Andererseits fehlen innerhalb der zweiten Vision der Eigenname sowie die Bestätigung der Wahrnehmung (nur V. 12: »Du hast recht gesehen«). So zielt die erste von vornherein auf die zweite Vision.

Gegenüber Amos wird die sprachliche Gestalt zugleich, etwa durch die einleitende sog. Wortereignisformel, abgewandelt. Da »das Wort Jahwes an« Jeremia bei der zweiten Vision im vorliegenden Kontext (1,4.11) eigentlich zum dritten statt »zum zweiten Male« (V. 13) »ergeht«, sind die beiden Visionen literarisch kaum ursprünglich mit dem Berufungsbericht verknüpft, wohl aber sachlich mit ihm verbunden.

Sie erfolgen noch in der Zeit der *Anfechtung* vor der Katastrophe. Die erste Vision überträgt gleichsam die Jeremia gegebene Zusage auf seine Botschaft (1,12): »Ich wache über mein Wort, es auszuführen.«

> Zweifel an der Botschaft sind schon zuvor in der Geschichte der Prophetie (Jes 5,18f u.a.) belegt.
> In Jeremias früher Überlieferung (5,12) findet sich die Behauptung prophetischer Gegner:
> »Kein Unheil wird über uns kommen!«[27]
> Die Konfessionen (17,15) bezeugen die Frage:
> »Siehe, sie sagen zu mir: ›Wo ist das Wort Jahwes? Es treffe doch ein!‹«

Die in der zweiten Vision (1,13f) angesagte Zukunft steht noch aus. Die Zusage zielt über Hoffnung hinaus auf feste Zuversicht oder Gewissheit. Der Exilsprophet Deuterojesaja führt sie weiter.[28]

---

26 Schon Amos' Visionen 7,1–6 und 7,7–9; 8,1–2 bilden zwei Paare. Wortpaare begegnen bei Jeremia mehrfach, etwa 2,10–13.

27 Vgl. 23,17 und unten den Abschnitt zu den (Heils-)Propheten.

28 Jes 40,8; vgl. 41,21–24; auch 55,10f.

Der eigentliche Inhalt der Verkündigung wird ihm erst in der zweiten Vision (1,13f) zuteil. Sie nimmt die Ahnung eines bevorstehenden Unheils über das Volksganze[29] auf, zunächst in allgemeiner Form; die Motivation (»Warum« mit der Anklage) oder nähere Bestimmung (»Wie« und »Wann«) erfolgen in der Verkündigung.

Nach der Berufungserzählung eröffnen die Visionen das Buch. Die Stellung zu Anfang gibt ihnen einen Vorrang in der Überlieferung, betont ihre – für die Botschaft – wohl grundlegende Bedeutung.[30]

Das »Wort« kann seinem Gehalt nach nur auf Zukunft ausgerichtet sein; die allgemeine Aussage findet in der zweiten Vision (1,14) ihre Konkretion und inhaltliche Zuspitzung. Sie nimmt die – Amos wohl als erstem zuteilgewordene und von ihm ausgesprochene – Unheilsahnung über das Volksganze auf:

> »Von Norden wird das Unheil entfacht
> über alle Bewohner des Landes.«

Die Jeremia in der zweiten Vision (1,14) zuteilgewordene Einsicht eines »Unheils von Norden« gibt er in Aufforderungen mit der Ansage gewisser Zukunft (4,5f; 6,1[.14]) oder mit der Symbolhandlung durch die Ankündigung der Babylonier (27,3.11; vgl. 20,6) vielfältig weiter bis zum letzten Wort (38,2ff.17f)[31] – einschließlich des Angebots der *Lebensbewahrung*. So ist in seiner Verkündigung eine innere *Einheit* unverkennbar.

---

29 Am 8,2 wird aufgenommen von Ezechiel (7,1ff).

30 Zu der Bedeutung der Vision Luk 10,18 vgl. U. B. Müller, Vision und Botschaft. Erwägungen zur prophetischen Struktur der Verkündigung Jesu: ZThK 74, 1977, 416–448; G. Nebe, Prophetische Züge im Bilde Jesu bei Lukas: BWANT 127, 1989; M. Wolter, Jesus von Nazaret, 2019, 109ff.

31 Darüber hinaus nennt das Buch sogar die Person Nebukadnezzar (21,2; 25,1.9; 27,6; bes. 46,2 u.a.; vgl. HALAT 624).

II. Person, Zeit, geistige Heimat - eine knappe Skizze

Jeremias Verhältnis zu seinen prophetischen Vorgängern[1]

Jeremia aus Anatot[2] scheint in seiner Frühzeit noch nicht am Hof[3] bekannt oder geschätzt gewesen zu sein; er musste die Anerkennung erst gewinnen.

Im Anschluss an die Angaben von Jer 1,2–3 wird Jeremias Wirken oft in drei Perioden, die Regierungszeiten dreier Könige, gegliedert.

Der knappe Überblick möchte einschlägige Angaben bzw. Hinweise des Jeremiabuchs, wichtige Namen und relevante Daten in dem bewegten Geschichtsverlauf mit seinen teilweise erheblich einschneidenden Ereignissen stichwortartig nennen und verbinden, so den historischen Rahmen (der Jeremia-Tradition) im Abriss andeuten.

Zeit *Josias/Joschijas 639/8–609 v. Chr.*
Vgl. 2 Kön 21,24.26; 22f; 23,29; Jer 1,2; 36,2; auch 3,6; 25,3; bes. 22,15f.
Das 13. Regierungsjahr Josias (Jer 1,2), 627/6 v. Chr., das früheste im Buch genannte Datum, gilt wohl als Beginn von Jeremias Wirksamkeit.[4]
In eine Situation des allmählichen Niedergangs der assyrischen Vormacht fiel nach 2 Kön 22f Josias *Reform.* Sie erstrebte – vielleicht in der Nachfolge der Reform Hiskias (2 Kön 18,4) – zunächst eine Kultreinheit (mit der Entfernung fremdreligiöser Elemente oder Symbole) und führte auf Grund des

1 Vgl. ausführlicher ATD 20, 1ff; K. Seybold, Der Prophet Jeremia 97ff.

2 Jer 1,1; vgl. 11,21; 32,7; dazu 3,12.

3 Die Erwähnung der Könige (2,26b; 4,9) in der sog. Frühzeitverkündigung (innerhalb von Kap. 2–6) gilt weithin als Zusatz. Vgl. demgegenüber die Sprüche über Könige 22,10ff. Die »Hirten« (2,8; vgl. 23,1f u. a.), d. h. die politischen Führer und Beamten, schließen das Königshaus wohl noch nicht ein.

4 Jer 1,2 nennt zumindest nicht ausdrücklich Jeremias Berufung, streng genommen, nicht einmal seinen ersten Auftritt, sondern den ersten Wortempfang: »das Wort Jahwes erging«. Liegt der Überschrift daran, zu betonen, dass »Jeremias Worte« (1,1; vgl. zu Jer 1 bei Anm. 18) keineswegs nur seine Worte sind (1, 2; vgl. zu Kapitel 1 bei Anm. 24).

gefundenen Gesetzes, wohl des Ur-Deuteronomiums (Dtn 12ff, bes. 12,13–19), zur Kulteinheit; diese Kultzentralisation beließ nur Jerusalem als *einziges* Jahwe-Heiligtum 622 v.Chr.[5]
In eine kurze Zeit, in der Ägypten eine Rolle spielte (vgl. 2 Kön 23,29), gehören wohl die Worte Jer 2,16.18.36.[6]

612 erfolgte der Untergang Ninives, der Hauptstadt des assyrischen Reichs (vgl. Jes 37,37).

Nach Josias Tod (2 Kön 23,29f) 609 v.Chr. wird sein Sohn Joahas/Schallum Nachfolger, aber bereits nach »drei Monaten« (V. 31) vom Pharao gefangengesetzt; vgl. Jer 22,11 f.

Zeit *Jojakims,* sein ursprünglicher Name Eljakim
2 Kön 23,34ff; 24,1; Jer 22,13 f.17ff; 26,1.21ff; 35,1; 36,1.9.20ff; 45,1
608–598, gestorben kurz vor der Eroberung Jerusalems

Sieg Nebukadnezzars (605 v.Chr.) über Ägypten bei Karkemisch Jer 46,2
Syrien und Palästina unter babylonischer Herrschaft; vgl. Jer 25,1; 2 Kön 24,7
Jeremias erste Gefangennahme: Schläge, Folterblock Jer 20,2f

Erste Einnahme Jerusalems mit Übergabe der Stadt 597 v.Chr.
Jojachin, auch Konja und Jechonja genannt
Jer 22,24.28ff; 24,1; 27,20; 28,4; 29,1f; 37,1; 2 Kön 24,6.8ff; Ez 1,2
597, nach wenigen Monaten, wird er deportiert, muss im Exil leben.
Er ist wie Joahas/Schallum, der Nachfolger von Josia, wohl wegen der kurzen Regierungszeit in der Überschrift Jer 1,2–3 nicht erwähnt.

Zeit *Zedekias/Zidkijas,*
ursprünglich mit Namen Mattanja,
597 bis zur zweiten Eroberung 587/6 v.Chr.
2 Kön 24,17ff; Jer 21,1–7; 27,1; 28,1; 32,1; 34,2ff; 37–39; 52,1–11
Jeremia im Wachthof 32,2 u.a.

---

5 Vgl. zu Jer 7. Die vom Deuteronomium (bes. Kap. 12 mit V. 13ff) geforderte Kultzentralisation, nach der das Gottesvolk nur *ein* Heiligtum kennt, ist für das Konzept der Priesterschrift, deren Grundschrift nach üblicher Annahme im Exil entstand, selbstverständlich. – Nach den pauschalen Urteilen 2 Kön 23,32.37; 24,9.19 haben sich Josias Nachfolger wieder von der Reform abgekehrt.

6 Zur sog. Frühzeit-Verkündigung vgl. das Kapitel zur Heilsverkündigung an das Nordreich.

Belagerung der Stadt 32,2; 34,1f; 39,1f; 52,4ff (V. 6) = 2 Kön 25,1ff (V. 3 »kein Brot mehr«)
587/6 Zweite Einnahme, Schicksal Zedekias und folgende Zerstörung Jerusalems und des Tempels Jer 52, bes. V. 12ff = 2 Kön 25, bes. V. 8ff

Jer 40,1ff Jeremias Freilassung
Seine (V. 2 zusammenfassend wiedergegebene theologische) Einsicht hat als (politische) Einstellung Folgen.

Jeremias Wegführung nach Ägypten Jer 42–44
Nach 44,15ff nimmt er seine Kritik am Kult der Himmelskönigin (7,16–20) wieder auf.
Beginnt in diesem Rückblick 44,17f der Niedergang mit dem *Ende* dieses Kults - durch die Reform (vgl. 3,10)?
In Ägypten hören verlässliche Nachrichten auf; Jeremias Spur verliert sich.

Nach der Berufungsgeschichte (1,6) wendet Jeremia ein, er sei »(zu) jung«; nach einer in seine Lebensführung tief einschneidenden Zeichenhandlung blieb er unverheiratet.[7]

Wie Propheten vor ihm[8] erfährt Jeremia *Feindschaft* und Leid[9], aber Bewahrung in der Not.[10]

Wie sein klagendes Wort »Wegen des Bruchs der Tochter meines Volkes bin ich zerbrochen ...«[11] sein Mit-Leiden bekundet, so zeigt er sich in der Situation nach der Katastrophe in seinem Verhalten solidarisch, indem er (39,14) »inmitten des Volkes« bleibt.[12]

Die ausgestaltete Erzählung (Kap. 28; V. 8) lässt Jeremia verweisen auf »die Propheten, die ... vor mir ... waren«. Tatsächlich steht er in einer *Geschichte* der (sog. *Schrift-)Propheten.* Deren Redeformen, Motive, Themen und Einsichten nimmt er auf, um sie zugleich abzuwandeln; so lassen sich einerseits die Gebundenheit an vorgegebene Überlieferung, andererseits mit der Umgestaltung die Eigenart oder auch Eigenständigkeit des Propheten in seiner Situation in

7 Vgl. im Kapitel zu den Symbolhandlungen zu Jer 16.
8 Vgl. Am 7,10.16; Hos 9,7; auch 1 Kön 19,2–4.
9 Jer 20,1f; 26,(20–23.)24; 29,24ff; 36,26; vgl. 11,18; 12,6; 18,18; Baruchs Bekenntnis: »Jahwe/der Herr hat Kummer zu meinem Schmerz hinzugefügt« (45,3; dazu 36,26).
10 Jer 26,24; 36,26; 38,6.7ff; vgl. 1,8; 15,20; auch von Baruch 45,5.
11 Jer 8,18–23; vgl. 4,19–21; 23,9 u.a.; auch Jes 22,4; Mi 1,8; Lk 19,41.
12 Vgl. 39,10ff, bes. V. 14 (nach 38,12); vgl. Kap. 40ff.

seinen Worten wahrnehmen und damit seine Intention erkennen. Jeremia hat Vorgänger, steht in der Reihe der sog. Schriftpropheten und ist zugleich selbst Zeuge, auch mit Namen angeredet (1,11; 24,3).

Manche Zusammenhänge sind erkennbar:

Amos erscheint wie ein Vorbild, zumal in Struktur und Intention der Visionen, aber auch in der Kultkritik.[13]

Mit Hosea beklagt Jeremia einerseits die Nicht-Einhaltung der Ausschließlichkeit des Glaubens und führt andererseits vor allem die Heilsverheißungen für das Nordreich weiter.[14]

Aus Jesajas Botschaft kann Jeremia etwa dessen Weinberg-Gleichnis 5,1ff aufgreifen und die Kritik (Jer 2,21) verschärfen.[15]

Mit Micha bestehen Gemeinsamkeiten in zwei Themen: der Tempelkritik (Mi 3,12), die von Ältesten ausdrücklich (Jer 26,17ff) zitiert wird, und in der Auseinandersetzung mit den Propheten.[16]

Umgekehrt greifen Ezechiel/Hesekiel, der Exilsprophet Deuterojesaja, Sacharja und das Danielbuch Motive aus der Jeremia-Überlieferung auf.

An etlichen Stellen ist auch der Einfluss der (Spruch-)*Weisheit* spürbar. Das Stichwort »erkennen« spielt eine bedeutende Rolle.[17] Eine für sie typische Redeweise ist der Vergleich mit der Natur[18]; sie kann (wie Jes 1,3) als Vorbild erscheinen; nur ein Beispiel (Jer 8,7) sei angeführt, in dem sich zugleich jenes Verb findet:

»Selbst der Storch am Himmel weiß seine Zeiten ...,
mein Volk aber kennt nicht die Ordnung Jahwes.«

Darüber hinaus enthält das Jeremiabuch spätere weisheitliche Zusätze. Als allgemeine Einsicht kann sich die Warnung vor Überheblichkeit im prophetischen Kontext mit dem Hinweis auf Gottes »Ich« und dessen Wirken verbinden:

---

13 Vgl. zu Jer 1,11ff und zu 7,21.
14 Vgl. das entsprechende Kapitel.
15 Vgl. zu Jer 1 Anm. 10 und 21.
16 Vgl. die Kapitel zu Jer 7 und zu den Propheten.
17 Nach Jer 1,5; 2,8.19; 4,22; 5,4f; 6,15.18.27; vgl. zu den Konfessionen bei Anm. 15.
18 Vgl. etwa Spr 6,6; 17,12; 26,11; 30,18f.

»Ein Weiser rühme sich nicht seiner Weisheit ...,
sondern dessen rühme sich, wer sich rühmen will,
Einsicht zu haben und mich zu erkennen,
dass ich Jahwe/der Herr bin,
der Treue, Recht und Gerechtigkeit auf Erden übt.«
(Jer 9,22f; vgl. 10,23; auch 17,8 mit Ps 1)

III. Redeformen und Einsichten

Geschichtliche Rückblicke, Weherufe, Mahn- und Disputationsworte, Klagen und Verbot der Fürbitte

Der Auftrag zu »reden« (1,6f) bzw. zu »rufen« (2,2) verweist auf mündliche Verkündigung.

Selbst die Niederschrift erfolgt, wie Jer 36,4.32 erzählt, nach Jeremias mündlichem Diktat.[1]

Neben großen Reden (wie Kap. 7) finden sich verschiedene Redeformen in lebhaft-bewegtem, abwechslungsreichem Stil.[2] Sie lassen sich, da sie nicht selten selbständig lesbar sind, als Nachwirkung der Verkündigung verstehen.

Geschichtliche Rückblicke

Der auch bildhafte, kritische geschichtliche Rückblick geht nicht von einer Forderung, sondern von Gottes Zuwendung aus und entspricht damit in der Intention den Ankündigungen in der Vätertradition, vor allem der Exodus-Überlieferung von Jahwe und Volk.

»Söhne habe ich großgezogen ...,
sie aber haben sich gegen mich aufgelehnt.« (Jes 1,2; vgl. 30,1; Hos 11,1f)
»Ich hatte dich eingepflanzt als edle Rebe, ...
aber wie hast du dich verwandelt ...« (Jer 2,21; ausgestaltet 2,2ff)

---

1 Vgl. Jer 15,16.19; auch Ez 3,4.

2 Dazu gehören etwa Fragen und Zitate (vgl. zu Jer 7), vielfältige Bilder (2,13–15.20–26.32; 6,29f; 8,4 u.a.) oder Vergleiche (»wie Ton« 18,6; »wie Feuer« 5,14; 23,29 u.a.).

Der Weheruf

Das »Wehe!« *(hoj)* gehört ursprünglich in die Totenklage.[3] Es wurde schon von den prophetischen Vorgängern in ihre Botschaft übernommen.[4] Bei Jeremia findet es sich in einem Wort über den König:

> »Wehe dem, der sein Haus mit Unrecht baut!«
> (Jer 22,13; vgl. 23,1 über »die Hirten«, d.h. die Amtsträger)

Ähnlich klingt ein »Ach/Wehe« *('oj)*. »Wehe mir!« (Jes 6,5) begegnet in der Konfession Jer 15,10 sowie als Ruf der Stadt, der Tochter Zion: »Wehe uns/mir« (4,13.31); »Wehe dir, Jerusalem« (13,27; vgl. 6,4; 10,19).

Das Mahnwort[5]

Wie verhalten sich prophetische Einsicht und allgemeine Erfahrung zueinander? In einem Gotteswort werden die Zeitgenossen aufgerufen (5,1), sich selbst zu vergewissern:

> »Durchstreift die Gassen Jerusalems, seht doch und forscht
> und sucht auf ihren Plätzen, ob ihr jemanden/*einen* findet,
> ob einer da ist, der Recht übt, nach Wahrhaftigkeit strebt –
> so will ich ihr vergeben!«[6]

Dieser eindringliche Aufruf zur Selbst-Erfahrung, zur Prüfung der Bewohner Jerusalems auf öffentlichen Räumen ist – ähnlich der Aufforderung »Erkenn und sieh!« (2,19f) – ein Ringen um Einsicht: »Seht euch selbst um, beobachtet genau!« Die Zeitgenossen sollen die vom Propheten erhobene Anklage in eigener Wahrnehmung und mit eigenem Urteil bestätigen.

In einer Am 6,2 »Geht hinüber ... und seht!« ähnlichen Form fordert Jer 2,10–13 zum Vergleich auf:

---

3 Vgl. 1 Kön 13,30; Jer 22,18; 34,5; dazu ThWAT II, 382–388.

4 Am 5,18; 6,1; Jes 5,8ff; 28,1; über Jerusalem: 29,1; vom Volk 30,1; vgl. 1,4; 31,1; Mi 2,1. Die Übernahme des »Wehe« in die prophetische Verkündigung »soll deutlich machen, daß einem bestimmten menschlichen Verhalten der Keim des Todes bereits innewohnt« (G. Wanke, ZAW 78, 1966, 215–218).

5 Vgl. G. Warmuth, Mahnwort, bes. 94–165.

6 Vgl. zur Sozialkritik.

»Geht doch hinüber ...
und merkt wohl auf und seht, ob jemals so etwas geschehen ist!
Hat je ein Volk seine Götter vertauscht?« (Jer 2,10f)[7]

Jesajas Einsicht und Urteil, als Gotteswort formuliert:

»In Ruhe und im Vertrauen liegt euer Heil, aber ihr habt nicht gewollt«[8]

nimmt Jeremia abgewandelt auf, stellt Angebot und Ablehnung gegenüber:

»Tretet auf die Wege (von alters) und seht
und fragt nach den Pfaden der Vorzeit,
welches der Weg des Guten (zum Glück) ist, und den geht,
und findet/so werdet ihr finden Ruhe für euer Leben!
Sie aber sagten: Wir gehen nicht!« (Jer 6,16; vgl. 2,25)

Der rechte Lebensweg wurde nicht betreten; die Zeit der Wandlungsmöglichkeit ist nicht genutzt. So wird die Aufforderung mit der ablehnenden Reaktion zum Schuldaufweis.

Aufrufe zu kultischen Handlungen[9] können ironisch genutzt werden.[10]

Nach den Erzählungen erscheint (in Übereinstimmung mit 1,13f; 4,6; 6,1 u.a.) nicht die Zukunftsansage bedingt; entscheidend ist das Verhalten zu ihr. Der Aufruf, sich in Gottes Geschick zu fügen, die von ihm beschlossene Zukunft anzunehmen (27,11f), kann gleichsam auf den König Zedekia übertragen werden.[11] Dessen Reaktion ahnt Jeremia (38,15) vorweg: »Wenn ich dir rate, hörst du doch nicht auf mich.« Sie bestätigt ein pauschales Urteil (37,2). Diese Ablehnung wird in der Darstellung mehrfach von der Redaktion aufgenommen.[12]

Ein Aufruf wie »Verkündet ...!« ahmt eine Botenanweisung oder Heroldsinstruktion nach.[13]

7 Vgl. etwa Jer 3,2.13; 7,12.
8 Jes 30,15; vgl. 28,12; 30,9 u.a.
9 Wie zur Wallfahrt Jer 31,6; vgl. Ps 48,13f; 122,1; Jes 2,3 = Mi 4,2.
10 Schon Am 4,4f; Jes 29,1 u.a.; Jer 7,(12.)21; vgl. 7,29; 44,25.
11 Jer 34,2–5; 38,2ff; vgl. 37,2ff; 42,10f.
12 Vgl. 7,27f u.a.; im Kap. Heilsverheißungen für das Nordreich bei Anm. 15; zu Jer 36 Anm 30.
13 Vgl. in wechselnder Form Jer 4,5f.16; 5,20; 46,14; 50,2; auch Am 3,9; Jes 40,9f; Ps 96,10; dazu F. Crüsemann, Studien zur Formgeschichte von Hymnus und Danklied: WMANT 32, 1969, 50f.

»Hört!« Jer 13,15f leitet wohl in allgemeiner Form eine eigene Sammlung zum Thema »Hochmut« ein.

Die Berufungserzählung enthält keinen Auftrag zum Bußruf, zur Mahnung zur Umkehr.

Eine andere Aufgabe erhält das Mahnwort im Rahmen der Ankündigung und der Zusage von *Heil:* Ein Aufruf zur »Umkehr« oder Buße findet sich für das Nordreich (3,12f; vgl. 31,18) als Einstimmung in Gottes Gnade.[14]

In seinem Brief (29,5) an die bei der ersten Deportation Exilierten aus dem Südreich fordert Jeremia auf:

»Baut Häuser und wohnt (in ihnen)!«[15]

Das Disputationswort[16]

In dieser– wiederum schon von Jeremias Vorgängern wie auch Nachfolgern genutzten – Redeform geht der Prophet auf Einwände der Hörer gegen seine Botschaft ein, stellt sich mit ihnen insofern auf einen Boden, als er seine Gesprächspartner mit rhetorischen Fragen zum Nachdenken zu bewegen und so zur Übereinstimmung mit seiner Einsicht zu führen sucht.[17] Sie setzen damit die Verkündigung voraus, verteidigen sie.

Schon Amos[18] sagt mit der Frage:

»Geschieht ein Unheil in einer Stadt, das Jahwe nicht gewirkt hat?«

Gottes Freiheit zum Unheil – damit wohl auch innerhalb der Botschaft zur Unheilsankündigung – aus. Über die Frageform (wie 7,11; 23,23 f.28f u. a.) hinaus bildet sich bei Jeremia eine zweiteilige Struktur aus. Mit ähnlicher Intention stellt das Deutewort (Jer 18,6) der Symbolhandlung[19] Gottes Verfügungsmacht heraus:

14 Vgl. Heilsverheißungen für das Nordreich.

15 Vgl. Heilsverheißungen für das Südreich.

16 Zu Disputationsworten im Jeremiabuch vgl. Nachdenken über Israel, Bibel und Theologie. FS K.-D.Schunck, 1994, 149–161 = Vielfalt und Einheit alttestamentlichen Glaubens II, 1995, 140–151.

17 Das Disputations- oder Diskussionswort entstammt wohl dem Meinungsstreit im Alltag oder weisheitlicher Disputation (Hi 8,11 u. a.). Vgl. BK II/1, 201 zu Ex 4,11.

18 Am 3,6 innerhalb von 3,3–6; auch 3,8; 6,12.

19 Vgl. u. zu den Symbolhandlungen.

a) »Kann ich nicht wie dieser Töpfer mit euch verfahren,
Haus Israel? Spruch Jahwes.
b) Siehe, wie (der) Ton in der Hand des Töpfers
so seid ihr in meiner Hand, Haus Israel.«

Die Frage im Amosbuch (9,7)

»Seid ihr mir nicht wie die Kuschiten/›Mohren‹?«

relativiert mit dem Hinweis auf Gottes Führung auch anderer Völker ein Erwählungsbewusstsein. Bei Jeremia (13,23) hat das Bild eine andere Aussage-Absicht:

a) »Verändert etwa ein ›Mohr‹[20] seine Haut
oder ein Leopard seine Flecken?
b) Genauso wenig könnt ihr Gutes tun,
die ihr gewohnt seid, böse zu handeln!«[21]

In einem ebenfalls zweigliedrigen Wort, in dem Jeremia den Vorwurf, »mein Volk« habe Gott »verlassen« (2,11.13 u.a.) äußert, vergleicht er – vielleicht in Weiterführung des Bildes von der Brautzeit (2,2) – Israel mit einer Frau:

a) »Vergisst wohl eine Jungfrau ihren Schmuck,
eine Braut ihren Gürtel?
b) Aber mein Volk hat mich vergessen -
seit zahllosen Tagen.« (Jer 2,32; ähnlich 18,14f)

Das Volk zeigt ein Verhalten, das einer Braut fremd wäre; was unvorstellbar oder eigentlich unmöglich ist, geschieht hier.

Ein Aufruf wie »Hört doch dies, ihr törichtes und (herzloses, d.h.) unverständiges Volk!« (5,21) rechnet mit der Verständnislosigkeit oder Unbelehrbarkeit der Hörer und redet sie doch an. In solchen Worten liegen mit der Spannung zwischen Nicht-Wollen und Nicht-Können Unwilligkeit und Unfähigkeit ineinander.

20 Eigentlich: der (dunkelhäutige) Kuschit, der Äthiopier. Vgl. das Heilswort an Ebed-Melech Jer 38,7ff. Die Wiedergabe »Mohr« (Maure) sucht hilfsweise den Bildcharakter zum Ausdruck zu bringen.

21 Vgl. den Abschnitt zur Sozialkritik.

»An böses Handeln gewöhnt« (13,23), erscheint der Mensch nicht mehr veränderbar. Die Schuld, das Böse erscheint wie »wurzelhaft«, ist dem Menschen gleichsam »zur zweiten Natur« (W.Rudolph) geworden, die er weder abstreifen kann noch will, ja untilgbar (2,20) erscheint. Bildet diese Einsicht in den Mangel an Änderungsfähigkeit nicht auch einen Anlass für die über 3,14 weit hinausgehende Erwartung des neuen Bundes (31,31ff)?

Gegenüber der »Ordnung« in der Natur (8,7) fehlt die rechte Ausrichtung. So erscheint die Eigenwilligkeit als »un-natürlich« und widersinnig.

Eine übliche, fast reflexhafte Reaktion im menschlichen Alltag kann dem unerklärlichen Handeln des Volkes gegenübergestellt werden; dabei geht eine Doppelfrage in ein klagendes »Warum« über, bevor sich die anklagende Feststellung anschließt:

»Fällt auch jemand und steht nicht wieder auf,
wer sich abkehrt, kehrt er nicht wieder um?
Warum wendet sich dieses Volk ab ...?
Sie halten fest am Trug,
weigern sich umzukehren.«[22]

Gegenüber dem – grundlegenden, vorausgesetzten – Zeugnis von der Zuwendung Gottes zum Volk können die sog. Schriftpropheten die Erfahrung des »verborgenen«, »sich verbergenden« Gottes[23] machen. Wiederum in einer Frage, die nicht schlicht feststellt, sondern Zustimmung sucht, kommt die Einsicht zum Ausdruck, dass sich *Nähe* und *Ferne* ereignen können:

»Bin ich (nur) ein Gott aus der Nähe, Spruch Jahwes,
und nicht (auch) ein Gott aus der Ferne?«[24]

22 Jer 8,4f; vgl. 2,14.31; 8,22; 22,28; 30,6; auch zur Redeform Jes 40,(12–17.21–24).27–31; Mal 2,10; Mt 7,16. Vgl. A. Jepsen, Warum?: Der Herr ist Gott, 1978, bes. 234f; D. Michel, »Warum« und »wozu«: Studien zur Überlieferungsgeschichte alttestamentlicher Texte. TB 93, 1997, 13–34; A. Meinhold, Maleachi: BK XIV/8, 24ff.184ff.

23 Jes 8,17; auch 29,9f; vgl. 45,15.

24 Jer 23,23 (vgl. die Bitte Ps 22,12.20; 38,22). Ähnlich: »Bin ich zur Wüste geworden?« (Jer 2,31 gegenüber 2,2.6); »ich habe entzogen« (16,5); auch 18,6.

Die Klage[25]

Schon in der Berufungsgeschichte klingt mit dem Einwand »Ach, Herr Jahwe« (1,6) die in der Verkündigung vielfältig aufgenommene Form der Klage an.

Im Zusammenhang von Kap. 1–6 setzt mit einem Aufruf zur Klage ein neuer Abschnitt ein:

»Verkündet in Juda, und in Jerusalem lasst hören …
Unheil bringe ich von Norden und großen Zusammenbruch …
Aufgestiegen ist der Löwe aus seinem Dickicht,
der Würger der Völker ist aufgebrochen …
Klagt und heult!« (Jer 4,5–8)

Die Aufforderung bezieht sich nicht auf eine vollzogene, bereits verwirklichte Zerstörung, sondern kündigt Unheil an; es ist gegenüber der Vision (1,14) näher als bedrohliches Volk erkennbar. Allerdings wird kein bestimmter Feind bei Namen genannt, nur mit dem Bild des »Löwen« seine Macht, mit der Angabe »von Norden« seine Herkunft oder genauer die Richtung seines Einfalls[26] angedeutet.

Gewiss kann man in der Klage nach der Katastrophe, im Rückblick der Exilszeit oder später, die Schilderung der dann gegenwärtigen Not sehen. (Dies braucht aber nicht zu bedeuten, dass das Wort auch in dieser Situation entstanden ist.) Im Fortgang des dargestellten Vorgangs scheint die Bedrängnis härter zu werden, sich zu verschärfen, die Not näher zu kommen. Heißt es zunächst (4,5) »Sammelt euch, … hinein in die festen Städte!«, so später (6,1) mit Aufnahme der Stichworte »Unheil von Norden und großer Zusammenbruch« »Flüchtet … hinaus aus Jerusalem!«

Die Klage 4,19–21findet sich ausführlicher in 8,18–23 innerhalb einer anderen, wohl jüngeren Sammlung.[27] Das Wort wird von zwei bedrückenden Fragen gleichsam umrahmt und endet in einem Wunsch:

»Ist Jahwe/der Herr nicht in Zion?« (V. 19)
»Gibt es keinen Heilenden/keinen Arzt?« (V. 22)

---

25 Vgl. die einleitenden Ausführungen zu den Konfessionen; Lit. im Litverz.

26 Vgl. »von her/aus Dan« (4,15; 8,16).

27 Das Wort 6,12–14 ist, leicht abgewandelt, noch in 8,10f bezeugt. Wahrscheinlich liegt dieselbe Überlieferung in zwei Fassungen vor; vgl. unten zu Jer 36 mit Anm. 29.

»O dass mein Haupt zu Wasser würde
und mein Auge eine Tränenquelle!« (V. 23)[28]

Die Worte schließen sich mit der Wendung »Tochter meines Volkes«, die sich wohl auf den Zion oder Jerusalem bezieht, an vorhergehende Klagen an.[29] Innerhalb dieses Abschnitts ist eine Aussage hervorzuheben, die Jeremias Kummer um die Not seines Volkes und so sein Mit-Leiden bekundet:

»Mein Herz ist krank ...
Wegen des Bruchs der Tochter meines Volkes bin ich zerbrochen ...«[30]

Innere Regung (»mein Herz«) und Ausrichtung auf das Volk, höchst Subjektiv-Individuelles und Kollektives sind verbunden.

Erfolgen diese Worte vor einem liturgischen Hintergrund? Auf jene prophetische Klage »Ist Jahwe nicht in Zion, kein Arzt da?« (8,19.22) wirkt das bittere Gotteswort 9,1ff wie eine Antwort.

Ein ausführlicherer liturgischer Ablauf kann sich im Aufbau von Kap. 14f spiegeln.[31] Nach dem Schuldbekenntnis (14,7) und der Anrufung Gottes mit der Bitte (V. 9):

»Du bist doch in unserer Mitte, Herr, und dein Name ist über uns ausgerufen.
Verlass uns nicht!«

finden sich prophetische Worte. Sollte Jeremia – auch – in einem solchen Zusammenhang aufgetreten sein, hat er dort seine Einsicht nicht aufgegeben, sondern seine Botschaft bewahrt.

Das Eintreten für das Volk vor Gott in der *Fürbitte* gehört wohl zur prophetischen Aufgabe.[32] Zwei Zeugnisse blicken zurück, erinnern an Jeremias Einsatz:

»Gedenke, dass ich vor dir stand, um zu ihrem Guten/Wohl zu reden!«

---

28 G.v. Rad (TheolAT II, 211) charakterisiert den Abschnitt: »Es begibt sich das Ausschauen einer Rettung, dann das Begreifen des Verlorenseins und schließlich der Wunsch, sich nur noch in Trauer verströmen zu lassen.«

29 Vgl. 4,11. Vgl. zu 8,18–23 mit der Wendung »Tochter meines Volkes« H.Janssen, Zorn 47ff. (Lit.).

30 Jer 8,18.21; vgl. 23,9.

31 Sie enthalten einen älteren Kern (etwa mit 14,11; 15,1[f]) mit jüngerer Ausgestaltung.

32 Gen 20,7; vgl. 1 Sam 9,8f; 15,11; auch Ps 99,6; 106,23; Mi 3,4.7. Zur Vielfalt der Lit. vgl. Exodus. BK II/2, 336 (zu Moses Fürbitte für den Pharao Ex 8,4ff.21.24ff; 9,27f; 10,8f.16f).

»Ich bin in dich gedrungen zur Zeit des Unheils und der Bedrängnis.«[33]

Eine gelegentlich bei den sog. vorklassischen Propheten begegnende, konkrete, nur den einzelnen treffende Ablehnung (1 Sam 15,22ff, bes. V. 26) wird durch ein die Allgemeinheit betreffendes Verbot der Fürbitte weit überboten. Amos wagt nur in seinen beiden ersten Visionen die Fürbitte (Am 7,2.5) zu übernehmen, dann muss er angesichts des stärker drohenden Gerichts verstummen (7,7f; 8,1f; vgl. auch Jes 1,15). Jeremia wird ausdrücklich die Fürbitte untersagt und damit die Möglichkeit, Gott bei seinem Unheilswirken in die Arme zu fallen, genommen. So wird Jeremia vom Volk weg gleichsam auf Gottes Seite gezogen:

»Bete nicht für dieses Volk – zum Guten/dass es ihm gut gehe!«[34]
Bringt die folgende Fassung nicht eher noch eine Steigerung?
»Selbst wenn Mose und (oder) Samuel vor mich träten,
hätte ich kein Herz (wörtlich: keine Seele) für dieses Volk.«[35]

In der grundlegend anderen Situation nach oder in dem Gericht ruft Jeremia dagegen zur Fürbitte (29,7) für die Bedrückermacht auf; das fremde ist zugleich das eigene »Wohl«.[36]

33 Jer 18,20; (mit üblicher Textänderung) 15,11; vgl. 17,16; auch 37,3ff; 38,14ff; 42,2ff u. a.; dazu THAT II, 428f.

34 Jer 14,11; in erweiterter, wohl späterer Form aufgenommen 7,16; 11,14.

35 Jer 15,1; Das Verbot ist wegen seiner Radikalität kaum nachträglich erfunden, entspricht sachlich vielmehr prophetischer Botschaft; vgl. 6,30; 7,29; 16,5 u. a.

36 Vgl. die Erläuterungen zu den Heilsverheißungen für das Südreich.

IV. Jer 7 (vgl. 26) und Kritik am Tempel[1]

Wie bei anderen Themen steht Jeremia mit seiner Tempelkritik in einem Zusammenhang.

Schon Amos' Kritik an den Heiligtümern des Nordreichs fällt überraschend hart aus und kann eine ähnliche Ausdrucksform haben mit Aufforderung und Zukunftsansage:

»Sucht nicht Bet-El, nach Gilgal geht nicht, ...
denn Gilgal muss in die Verbannung gehen,
und Bet-El wird zum Unheil werden.«[2]

Bei Hosea hat die Heiligtumskritik einen anderen Schwerpunkt.[3] Micha (3,12) überträgt sie auf den Zion.[4] Hat dessen Zukunftsankündigung einen nachhaltigen Eindruck erweckt? Nach Jer 26,18 wird sie – ohne nähere Begründung – von den Ältesten zitiert.

Jeremias Tempelkritik ist in zwei verschiedenen Überlieferungsformen oder Zusammenhängen bezeugt: Kap. 7 in einer ausführlicheren Rede, Kap. 26 in einer Er-Erzählung, die die Rede nur sparsam wiedergibt, aber die Wirkung beschreibt.[5]

Die Rede liegt in einer ausgedehnten, späteren Fassung vor. Die Rückfrage nach älterem Gut ergibt keinen fortlaufend geschlossenen Text, aber Elemente

---

1 Vgl. W. Thiel, Redaktion I, 105ff; I. Willi-Plein, Opfer und Kult im alttestamentlichen Israel: SBS 153, 1993; H. Irsigler, Gottesbilder II, 943ff (Lit.).

2 Am 5,5; vgl. 3,14; 4,4f; 8,10; 9,1.

3 Vgl. Hos 8,11; 10,2.8; 12,12.

4 Vgl. auch die Aussagen über Jerusalem Jes 5,14.17; 32,14. Jes 6,1 scheint sich an Am 9,1 anzuschließen.

5 V. 20–23 schildern das Schicksal eines Propheten mit ähnlicher Botschaft. Nach 36,5 äußert Jeremia wohl wegen der Tempelkritik oder drohender Folgen: »Ich bin gehindert.« Vgl. u. zu Kap. 36.

einer Überlieferung; sie enthalten keine späten Sprachanteile und nehmen aus prophetischer Botschaft vertraute Redeformen auf:

Warnung
V. 4 »Vertraut nicht[6] auf die Lügenworte:
›Der Tempel Jahwes, der Tempel Jahwes, der Tempel Jahwes ist dies!‹«
Anklage
V. 9a »Nicht wahr: stehlen, töten, ehebrechen, falsch schwören,
V. 10a dann kommt ihr und tretet vor mich in diesem Haus ...
und sagt: ›Wir sind geborgen (wörtlich: gerettet)!‹«
Zweiteiliges Disputationswort mit Frage und Folgerung[7]
V. 11 »Ist denn dieses Haus ... in euren Augen eine Räuberhöhle geworden?
Aber auch ich kann sehen. Spruch Jahwes.«
Aufruf zur Selbsterfahrung mit Frage[8]
Ironischer Aufruf zur Wallfahrt[9] *mit geschichtlichem Rückblick*
V. 12 »Geht doch zu meiner Stätte in Schilo/Silo ...
und seht, was ich ihr (an)getan habe!«
Folgerung: Zukunftsansage (vgl. 26,6.9)[10]
V. 14 »So werde ich dem (diesem) Haus ...,
auf das ihr vertraut, ... tun, wie ich Schilo (an)getan habe.«

In V. 4 und 10 findet sich ein Zitat. Schon für Jeremias frühe Verkündigung sind Aufforderungen (wie 2,10ff), Fragen (2,14) oder Zitate (2,23) eher kennzeichnend. Der dreigliedrige Ruf »der Tempel Jahwes« macht einen »beschwörenden« Eindruck.[11]

Das Thema oder die Intention wird durch das Stichwort »vertrauen« oder »sich verlassen« (V. 4.14), das negiert werden kann, und die abschließende Zukunftsansage umrissen. Der Tempel erscheint nicht als Stätte der Begegnung

6 Vgl. die Imperative V. 12.21. Die V. 4 bestätigende Anklage V. 8a »Siehe, ihr vertraut auf die Lügenworte« kann noch zur frühen Überlieferung gehören; sie klingt auch V. 14 »ihr vertraut« an.

7 Vgl. 18,6; 23,23f; s. o. zu den Redeformen.

8 Vgl. 2,10–14; 3,2f; 7,17.

9 »Die Überleitung zur Gerichtsankündigung in V. 12 erfolgt in der ironisch gebrauchten Form eines Wallfahrtsliedes.« (A. Weiser 63) Vgl. Am 4,4; 5,5; die Aufforderung 31,6; das Zitat »Wir ...« Ps 122,1; sachlich Jer 26,9.11.

10 Vgl. die unbedingte Zukunftsansage 1,14 u. a.

11 Vgl. 22,29 »Land, Land, Land ...«; auch Jes 6,3. »Die Dreifachsetzung forciert ... geradezu beschwörend den Eindruck der Gewissheit des Ausgesagten« (H. Irsigler, Gottesbilder II, 944 Anm. 99).

mit Gott oder des Wohnens Gottes, sondern als Ort[12] unrechten, verfehlten Vertrauens.[13]

Eine Begründung klingt in der Bezeichnung »Räuberhöhle« an. Bietet sie den Sammelort für zu Unrecht erworbene Schätze? Im Anschluss an die Tradition des Propheten Hosea (4,2) mit Anklang an die sog. zweite Tafel des Dekalogs[14] richtet sich die Tempelrede (Jer 7,9) über eine Mahnung hinaus anklagend an das Volksganze: »stehlen, töten, ehebrechen, falsch schwören«.

Die Worte passen in die – als wahrscheinlich anzunehmende – Situation: Die Rede fand (nach 26,1) »am Anfang der Königsherrschaft Jojakims« statt, blickt also auf die Regierungszeit Josias/Joschijas zurück und setzt wohl dessen Reform der Kultreinheit und *Kulteinheit*[15] (622 v.Chr.) voraus, welche die Bedeutung des Tempels noch gesteigert hat.

Die Zukunftsansage enthält – in der Tempelrede wie im Rahmen der Erzählung (26,6.9) – keine Alternative, kein »Vielleicht« oder »Wenn – Dann«, keinen Bußruf, verweist auf ein zerstörtes Jahwe-Heiligtum und ergeht unbedingt mit Gewissheit.

Jeremia musste die angesagte Zerstörung des Tempels erleben.[16]

Sachlich ähnlich begegnet Tempelkritik
bei dem Propheten Ezechiel/Hesekiel (Kap. 8–11; vgl. 24,21).
Auch Jesus nimmt sie auf.[17]

Drei Anhänge

Sie beziehen sich auf verschiedene Themen aus dem weiten Bereich des Kults und enden wie der einleitende Haupttext (V. 14f) mit Drohworten (V. 20.29.32ff), in denen sich die Katastrophe spiegeln kann. In den ersten beiden Anhängen lassen sich noch recht deutlich ältere Elemente der Überlieferung abgrenzen; der letzte Abschnitt ist ohne einen solchen Rückhalt.

---

12 Zur Tradition vgl. etwa Ps 46,5f; 48; die Ergänzung Hos 1,7; Mi 3,11; s. auch den Abschnitt über die Heilspropheten.

13 M. Luthers im Anschluss an Ps 46 gedichtetes Lied »Ein feste Burg ist unser Gott« (EG 362) wirkt, vom Alten Testament her betrachtet, wie eine Aufnahme der prophetischen Kritik, indem der Bezug zur Stadt ausgeklammert wird.

14 Vgl. W. H. Schmidt/H. Delkurt/A.Graupner, Die Zehn Gebote im Rahmen alttestamentlicher Ethik: EdF 281 (1993) 14ff.31.

15 2 Kön 22f; vgl. Dtn 12, bes. V. 13–19.

16 Vgl. 2 Kön 25,8f; Jer 52,12f; Klgl 2,7.

17 Mk 13,2 (erweitert 14,58; 15,29); vgl. Stephanus Apg 6,11.13ff.

Der Kult der Himmelskönigin (7,16–20; vgl. 44,15–19)

Der Abschnitt 7,16–20 stimmt weitgehend mit der letzten überlieferten »Predigt« Jeremias in Ägypten nach der Zerstörung Jerusalems 44,15–19 überein.

Der Kern der Überlieferung vom Kult der Himmelskönigin ist in V. 18(a) enthalten:

> »Die Kinder sammeln Holz,
> die Väter zünden das Feuer an,
> und die Frauen kneten den Teig,
> um Kuchen für die Himmelskönigin zu backen.«

Dieser Ritus wird nicht von Priestern, sondern von der *Familie* durchgeführt: Söhne bzw. Kinder[18] und Väter bereiten ihn vor; Frauen kommt die Hauptaufgabe zu (vgl. 44,19).

Die »Königin des Himmels« wird nicht mit Namen genannt. Sie ist wahrscheinlich die (babylonisch-) assyrische *Ischtar,* die Göttin des *Venus-Sterns,* die sich wohl mit anderen Göttinnen im kanaanäischen Raum, wie Astarte oder Aschera, verbunden hat.[19]

Die Überlieferung des Ritus wird von der rahmenden Redaktion verallgemeinert: Er vollzog sich »in den Städten Judas und den Gassen Jerusalems« (7,17) als Zuwendung zu »anderen Göttern«.[20]

Vom fremden Kult kehrt der folgende Abschnitt zurück zum eigenen Kult.

Die Opferkritik (Jer 7,21–29)

Schon unabhängig von den Propheten kann die Weisheit Kritik am Opfer üben, etwa:

> »Gerechtigkeit und Recht üben ist Jahwe/dem Herrn lieber als Schlachtopfer.«[21]

---

18 »Söhne« kann allgemein Kinder heißen: Gen 3,16; 30,1 u.a.

19 Zum Gestirnkult vgl. 2 Kön 21,3–5; 23,5.12ff; Dtn 4,19; Jer 8,2; 19,13; 44,17; Zef 1,5; dazu ThWAT VI, 461; C. Wrevel, in: M.Oeming-K.Schmid (Hg.), Der eine Gott und die Götter: AThANT 82 (2003) 58f. Zum Gebäck, das vielleicht eine bestimmte Form hatte oder ein Symbol trug: Jer 7,18; 44,19; Hos 3,1; vgl. 2 Sam (6,19;) 13,6ff.

20 Die (jerdtr.) Redaktion hat das überlieferte Wort »auf den Götzendienst überhaupt bezogen, d.h. die geschilderte Tätigkeit ... als ein Exempel für den Götzendienst der Judäer überhaupt aufgefaßt und interpretiert« (W. Thiel, Redaktion I, 121).

21 Spr 21,3 (vgl. Hos 6,6); dazu Spr 15,8.29; 21,27.

In der Opferkritik finden sich gemeinsame Einsichten der sog. Schrift-Propheten.[22] Auch bei Jeremia sind gelegentlich entsprechende Aussagen[23] belegt. In der mit einer Botenformel »so spricht Jahwe« (vgl. V. 3) eingeführten Gottesrede an das Volk heißt es hier (7,21):

»Eure Brandopfer fügt zu euren Schlachtopfern – und esst Fleisch.«

Gegenüber Hoseas (8,13) ähnlicher Formulierung »Fleisch ... essen« ist die Bedeutung der Wendung erheblich verschärft. Das Schlachtopfer ist ein Gemeinschaftsopfer, das für den geladenen Kreis zugleich ein Mahl ist (Gen 31,54; 1 Sam 9,12f u. a.). Dagegen hat der Opfernde am Brand- oder Ganzopfer keinen Anteil (Gen 8,20; krass eindeutig Gen 22)[24]. Diese Eigenart wird in dem – ironischen – Wort (Jer 7,21) nicht beachtet; Brand- wie Schlachtopfer (vgl. 14,12) werden gleich beurteilt: »esst (alles) Fleisch«.

Die Redaktion ergänzt (ähnlich Am 5,25):
»Denn ich habe euren Vätern am Tag, als ich sie herausführte aus dem Land Ägypten,
nichts gesagt und nichts geboten über Brandopfer und Schlachtopfer.«
Im Rückblick aus dem Exil findet sich in der Botschaft Deuterojesajas (43,22–24.25) ein höchst kritisches Urteil.

Diese Formulierung, Gott habe von Opfern »nichts gesagt« und »geboten« (Jer 7,22), wird im dritten und letzten Abschnitt wiederholt und – wohl steigernd – hinzugefügt (V. 31): Dieser Kult ist ihm nicht einmal »ins Herz bzw. in den Sinn gekommen«.

Die Tophet-Polemik (Jer 7,30–8,3; vgl. 19,5–7; 32,35; auch 11,13)

Dieser Abschnitt ist ohne einen alten Überlieferungskern nur in jüngerer Sprache verfasst. Der erste Teil der zweigliedrigen Anklage (V. 30f) weist auf »Scheusale«, d. h. Götterbilder im Tempel (V. 30; vgl. 32,34), hin, der zweite Teil (V. 31; vgl. 19,5–7; 32,35) auf den Tophet-Kult im Hinnomtal. Die wiederum zwei-

22 Vgl. Am 5,21–23.24.27; Hos 2,13 (.15); 3,4; 6,6; 9,4; bes. 8,13 (»essen«); Jes 1,10–16; 29,1.13.
23 Jer 6,20 und 14,12 nennen jeweils Brand- und Schlachtopfer.
24 Der übliche Ritus, nach dem das Tier zerlegt wird (1 Kön 18,25f; Lev 1,6ff), wird Gen 22 abgewandelt. Schon diese Änderung im Vorgang selbst wie Abrahams Auskunft (V. 8) »Gott wird sich ersehen ...« ist ein Hoffnungsausblick.

gliedrige, mit »darum« eingeführte Strafansage kündigt zunächst (V. 32–34) eine Namensänderung, die Umbenennung in: »Tal des Tötens/Mordtal«, mit der Zerstreuung der Gebeine an; sie werden, wie anschließend (8,1–3) ausgeführt wird, vor den Gestirnen ausgebreitet, welche die Personen im Leben verehrt haben. Diese Szene, die schreckliche Darstellung des Gräberfelds, entspricht anderen bitteren Andeutungen oder Schilderungen[25] vermutlich der Situation bei der Zerstörung Jerusalems.

Dieser Kult ist von anderen Überlieferungen oder Phänomenen eindeutig zu unterscheiden.[26] Er ist nur als – scharfes – Urteil über Vergangenes erhalten. Die Kultstätte wurde (nach 7,31f; 19,5f; 2 Kön 23,10) südlich von Jerusalem errichtet.

Klingt nicht noch nach, dass es sich um einen fremden Kult handelt? Das Alte Testament berichtet von Kinderopfern außerhalb Israels (2 Kön 3,27; 17,31). Hier (Jer 7,30) wird der Ritus im Zusammenhang mit Fremdgöttern erwähnt. Jer 19,5 spricht von den »Kulthöhen Baals«, »ihre Söhne« werden gegeben »als Brandopfer für Baal«; 32,35 bestätigt die erste Aussage, weicht aber bei der zweiten ab: »ihre Söhne und Töchter für *molek*«. Auf Grund dieser und entsprechender Angaben[27] nahm man (nach der griechischen und lateinischen Wiedergabe) den berüchtigten Kult des Gottes *Moloch* an, dem Kinderopfer dargebracht wurden.

Allerdings ist umstritten, ob es sich bei der Angabe »ihre Söhne und Töchter im Feuer zu verbrennen« (7,31 u.a.) tatsächlich um ein »Verbrennen« oder um einen Weiheakt: »durchs Feuer gehen« (32,35 u.a.) handelt.[28]

Schließlich wurde die schreckliche Schilderung zum Anlass, dass der Name Hinnomtal *ge hinnom* (im Griechischen) zu *gehenna* »Hölle« (Mt 5,22 u.a.) wurde.

---

25 Wie 19,5ff; vgl. 52,6; Klgl 2,20; 4,4.

26 »Den Erstgeborenen deiner Söhne sollst du mir geben« (Ex 22,28; vgl. 13,2); d.h. auslösen (13,13; 34,20). Die Frage »Soll ich meinen Erstgeborenen hingeben ...?« (Mi 6,7) ist vorwurfsvoll-ablehnend. »Die Erstgeborenen werden niemals im Zusammenhang mit dem Molochkult erwähnt. Dem Moloch sollen weibliche und männliche Kinder geopfert werden.« (J. Day, RGG[4] V, 1087f) – Auch die »Versuchung« Abrahams auf »Gottesfurcht« Gen 22 (o. Anm. 24) mit der Ablösung durch ein Tieropfer oder das Gelübde Ri 11,30ff gehören nicht in diesen Zusammenhang.

27 Vgl. Lev 20,2–5; 2 Kön 23,10; auch Dtn 12,31. Der Name (vgl. Milkom, den Gott der Ammoniter, 1 Kön 11,5.33) oder Titel (*mlk* »König«) ist vielleicht – analog zu *tophet* – nach *boschet* »Schande« punktiert. – Bekannt wurde die literarische Ausgestaltung des Kults durch Gustave Flaubert, Salammbo (1872), die allerdings in Karthago spielt.

28 Es gibt eine umfangreiche Diskussion; vgl. ThWAT IV, 950f.957–968; VIII, 741–746; HALAT 737.1638f; Ges[18] 686f.1454f (Lit.).

V. Entstehung und Geschick der Urrolle

Zweifache Niederschrift Jer 36 mit Folgerungen für das Wachstum des Buches

Nach dem Kap. 36 in 3.Person erhaltenen Bericht wird Jeremia im 4. Jahr Jojakims im Jahre 605/4 v.Chr.[1] beauftragt, seine gesamte bisherige Botschaft (genauer in Gottesrede: »alle Worte, die ich zu dir geredet habe«) aufzuschreiben; d.h. nach mehr als zwei Jahrzehnten seines Wirkens und seiner – zwiespältigen – Erfahrung. Der Anlass wird V. 5 angedeutet: Jeremia ist »gehindert«, wie erläutert wird: »Ich kann bzw. darf den Tempel nicht betreten.«[2] Der Grund ist nur zu erschließen: wegen der Tempelrede oder seiner Botschaft[3] überhaupt. Nicht erst die verwirklichte Katastrophe, vielmehr die ablehnende Haltung der Zeitgenossen ist eine Voraussetzung für die Niederschrift. Sie erfolgt vor Eintreffen des angekündigten Unheils. Wird sie so nicht in ihrem Inhalt wie Gehalt überprüfbar? Zudem ermöglicht sie unabhängig von der Person des Propheten die Weitergabe seiner Botschaft.

Der Auftrag wird von ihm in Freiheit, auf eine von ihm selbst gewählte Weise[4], durchgeführt: Baruch, »der Schreiber« (V. 32)[5], schreibt nach wörtlichem Diktat, also nach Jeremias mündlicher Verkündigung (V. 4.32), der »aus seinem Mund ruft« bzw. »vorträgt, verkündet« (V. 18). Durch die Niederschrift werden die Worte nicht nur für die Zukunft (vgl. Jes 30,8) bewahrt, sondern zugleich vom

---

1 Das 36,1 (gegenüber 1,2) genannte Datum ist sowohl für das Heilswort an Baruch (45,1) als auch bei dem ersten Völkerspruch gegen Ägypten (46,1–6) überliefert. Um diese Zeit vollzog sich die einschneidende Wende zur babylonischen Vorherrschaft (vgl. 46,2).

2 Das Wort »zurückgehalten, gehindert« bedeutet 33,1; 39,15 »eingeschlossen/verhaftet«; vgl. 32,2; bildhaft 20,9. Es wird inhaltlich verschieden gedeutet (ThWAT VI, 335f). Kap. 26 und 36 stellen die jeweils geschilderten Ereignisse mit gewissen Gemeinsamkeiten dar, wie dem öffentlichen Schauplatz des Tempels, dem Hörerkreis der Beamten (26,10–12.16; 36,12ff) und dem Volk. Ist das Wohlwollen von Volk und Beamten Jer (26 und) 36 nur persönlich oder auch sachlich begründet? Können die Beamten dort Jeremia noch schützen, so muss er sich hier verstecken.

3 Oder auch wegen des Jeremia aufgetragenen – symbolischen – Verhaltens 16,5.8.

4 V. 4; nach V. 28 ähnlich V. 32 (vgl. Anm. 12).

5 »Schreiber« bezeichnet ein hohes Amt, modern gesprochen, eine Art Staats-Sekretär, »Vorsteher der königlichen Kanzlei« (ThWAT V, 921ff, bes. 926).

Autor unabhängig, können darum durch einen anderen vorgetragen werden. Zum Vorlesen gedacht, soll die Rolle, auch durch Baruch (V. 6.8.15; anders 21), wieder Stimme, mündliches Wort werden.[6] Der Auftrag zur Wiederherstellung der Rolle ergeht ebenfalls nur an Jeremia; mit ihr endet der Bericht (V. 32). Sie vertritt den Propheten; so steht weniger seine Person als die Rolle, d. h. seine Verkündigung mit dem Gotteswort, »im Mittelpunkt« (G.v.Rad). »Rolle«, »Schrift« bzw. »Buch« und »schreiben« sind die Hauptstichworte. Jeremia befindet sich in Gefahr; die Verfolgung trifft ihn und Baruch, die Vernichtung die Rolle. Die Erzählung gliedert sich in mehrere, sich im Geschehen zuspitzende Szenen[7]:

I. V. 1–7 Herstellung und Bestimmung der Schrift- bzw. Buch-Rolle
- V. 1 Zeitangabe mit Einführung
- V. 2.4 Auftrag an Jeremia zur Niederschrift[8] und Ausführung durch Baruch
  - V. 3 Redaktioneller Einschub (wie V. 7) zur Absicht der Niederschrift
- V. 5 f.8 Auftrag Jeremias an Baruch zur Verlesung der Rolle und Ausführung mit zusammenfassender Vorwegnahme des folgenden Geschehens; vgl. 45,1
  - V. 7 Redaktioneller Einschub (wie V. 3) zur Absicht der Verlesung (vgl. V. 31b)

II. V. 9–26 Dreifache (a – c) Verlesung der Rolle

a) V. 9–13 am Fasttag in einer Tempelhalle vor dem Volk
- V. 9f Zeitangabe und Ausführung
- V. 11–13 Reaktion Michas: Meldung an die Beamten
  - V. 14 Überleitung: Reaktion auf den Bericht

b) V. 14–19 vor hohen Beamten
- V. 15f Zweite Verlesung und V. 16–19.20 Reaktion
  - (a) Erschrecken (V. 16a gegenüber V. 24)
  - (b) Rückfrage: Nachforschung über die Herkunft der Rolle (V. 17f)

6 Vgl. I. Willi-Plein, Spuren der Unterscheidung von mündlichem und schriftlichem Wort im Alten Testament, in: Dies., Sprache als Schlüssel, 2002, 116–129; auch C.Hardmeier, Zur schriftgestützten Expertentätigkeit Jeremias …, in: Die Textualisierung der Religion. FAT 62, 2009, 105–149; J.Taschner, EvTh 69, 2009, 366–381.

7 Eine dreigliedrige Szene stellt auch Jer 16 dar.

8 Die dreigliedrige Angabe Israel, Juda, alle Völker ist vermutlich eine Erweiterung entsprechend dem Wachstum des Buches.

(c) Rat an Baruch und Jeremia, sich zu verbergen (V. 19; vgl. V. 26b)
(d) Meldung an den König (V. 16b.20)
V. 20: Abschluss der vorigen Szene und Überleitung

c) V. 21–26 vor dem König und seinem Hofstaat
Zerstörung der Rolle
V. 21f Dritte Verlesung und V. 23–26a Reaktion des Königs: Verbrennen[9] der Rolle in Abschnitten, je drei oder vier Spalten[10]
Befehl, Jeremia und Baruch zu verhaften
V. 24f Reaktion des Hofstaates; vergeblicher Einwand von drei Beamten
V. 26b Vorläufiger Abschluss (vgl. V. 19): »aber Jahwe hatte sie verborgen«

III. V. 27–32 Wiederherstellung der Rolle und deren Ergänzung
V. 29–31 Redaktioneller Einschub: Gerichtswort gegen den König
V. 29 Anklage in 2.Ps., V. 30 Gerichtsansage in 3.Ps. im Anschluss an 22,18 f.30 mit Einbezug des Volkes V. 31 »nicht hören« (wie 7,28; 35,17 u. a.)
V. 27 f.32a Auftrag (mit Rückbezug auf V. 2) und Ausführung durch Baruch[11]
V. 32b Erweiterung der Rolle: »noch viele Worte hinzugefügt«

Die kunstvoll aufgebaute Darstellung zeigt den Weg des Schriftstücks nach seiner Entstehung in drei zusammengehörigen, sich im Handlungsverlauf verschärfenden Szenen bis zu seinem Ende – durch den König und dessen harte Reaktion[12]. Gegen Zweifel an dem Vorgang sprechen die genauen Angaben zu Zeiten, Orten und Personen[13], selbst zum Schreibmaterial[14]; sie geben eher das

9 Bei Beginn des Jahres im Frühjahr (März) ist der »neunte Monat« der Dezember, in dem das Kohlebecken zur Wärmung dient.

10 Wörtlich: »Tür(flügel)«, hier: »Spalten, Kolumnen« der Buchrolle (HALAT 215; Ges[18] 252; ThWAT II, 8.245).

11 Die LXX (36 = 43 V. 32) bezieht die Handlung allein auf den »Schreiber«: »Und Baruch nahm eine andere Rolle«, verkürzt vermutlich: Die Wiederholung des Auftrags kann entfallen, da nach V. 4 Baruch weiß, was zu tun ist.

12 Sie wirkt wie ein Gegenbild zum Verhalten von König Josia bei Auffindung der Tora (2 Kön 22,8–11).

13 Vgl. ähnliche nähere Angaben in 35,3f; 37,13; 38,11.14; 40,9.11; 41,1 f.17 f.

14 »Mit Tinte« (V. 18); vgl. Ez 2,9f; anders etwa Jer 17,1.

Geschehen wieder. Erklärt sich etwa die Auskunft über die Räume (V. 10ff) nicht leichter aus der Situation vor der Zerstörung der Stadt?

Wie sich für die Niederschrift des Prophetenwortes eine Vorgeschichte[15] andeutet, so lassen sich Nachwirkungen von Jer 36 erkennen:

Ezechiels komplexe Berufungsgeschichte (Ez 1–3) scheint mehrere jeremianische Traditionselemente aufzunehmen: die zeichenhafte Übergabe des Gotteswortes in den Mund des Propheten (Jer 1,9), über die unmittelbare Anrede hinaus vergegenständlicht in Gestalt einer Buchrolle (Jer 36), die er in der Schau zu verzehren hat. Damit wird zugleich ein Bildwort aus Jeremias Konfessionen (15,16) »Fanden sich Worte von dir, so aß ich sie« in ein visionäres Widerfahrnis (Ez 3,1ff) überführt. Sachlich Jeremias Botschaft entsprechend ist die Rolle mit »Klagen und Seufzern und ›Wehe‹ beschrieben« (Ez 2,10).[16] Mit solchen Rückbezügen setzt die Darstellung Elemente zumal aus Jeremias Ich-Berichten, wohl Berufungserzählung und Konfessionen, sowie die Existenz der Rolle mit klagend-anklagendem Inhalt voraus.[17]

In unmittelbar nachexilischer Zeit nimmt auch Sacharja in einer seiner nächtlichen Visionen (5,1ff) das Motiv der – mit Anklagen gefüllten – prophetischen Buchrolle auf.[18]

Nachklänge finden sich auch im Jonabuch. Wie es sich den Grundsatz Jer 18,7f zu eigen macht, so scheint es (zu 36,24ff) ein Gegenbild in der Jon 3,5–9 geschilderten Reaktion des Königs zu zeichnen: Der fremde König zerreißt seine Kleider, fastet.[19]

Für die Handlungsfolge sind drei Äußerungen Gottes in Wort und Tat grundlegend: Der Schreib-Auftrag wie die Wiederholung ergehen von Gott (V. 1f.27f). Entsprechend dem guten Rat (V. 19) »Geh, verbirg dich!« lautet die Schlussnotiz (V. 26) am Ende der drei Szenen, jetzt als Fügung Gottes: »Jahwe hatte sie verborgen.« Die Niederschrift wird, ohne dass es zuvor im Auftrag erwähnt ist, durch einen anderen vollzogen – gibt es auch bei dem Verstecken einen Helfer

15 Vgl. Jes 8,1; 30,8.

16 Wie Jeremia steht Ezechiel in einer Geschichte der Schriftprophetie: »Zu dem Ez Vorgegebenen gehört ohne Zweifel schon die Kenntnis buchgewordenen Prophetenwortes.« (W. Zimmerli, Ezechiel: BK XIII/1, 79). Gemeinsam ist auch die Aufforderung zur Furchtlosigkeit vor den Hörern, dem eigenen Volk (Jer 1,8; Ez 3,9).

17 Wurde von dem in Jer 36 berichteten Vorfall auch im Volk (vgl. 36,6.9f mit 26,17) erzählt?

18 Vgl. H. Delkurt, FS A. Meinhold. ABG 21, 2006, 357–371.

19 Vgl. auch Jer 26,(12.)15 mit Jon 1,14.

(vgl. 26,24)? »Niemand wisse, wo« (V. 19; vgl. 38,24) klingt wie eine Vorandeutung. Sachlich erfüllt sich die an Jeremia bei der Berufung ergangene, bei den Konfessionen erneuerte Zusage (1,8; 15,20), Gott werde ihn nicht vor, aber in der Gefahr bewahren.[20] Dass Jeremia bei der Verfolgung (V. 26; vgl. 26,20ff) unauffindbar ist, bildet die Voraussetzung für die Erneuerung des Auftrags.

Es kommt zu einer dreifachen Verlesung; der Kreis der Hörer nimmt an Bedeutung zu:

a) Zunächst an einem Fasttag, d.h. an einem Buß- oder Volkstrauertag, der ein Auftreten vor einer breiten Öffentlichkeit ermöglicht, im Tempel vor allem *Volk*[21]. Die Worte Jahwes (V. 8.11 u.a.) werden als »Worte Jeremias« (V. 10) verlesen; er trägt persönlich die Verantwortung.[22] Widerspricht Jeremia dabei der eigentlichen Absicht des Fasttags[23], indem er – gesammelt, in schriftlicher, gleichsam festgelegter Form – Anklagen und Unheilsansagen vortragen lässt? Nur die Folge wird beschrieben: Der Sohn des »Besitzers« des Raums meldet den Beamten den Vorfall. Hier finden sich Namen von Nachkommen der aus der Darstellung von Josias Reform (2 Kön 22,3ff) bekannten Beamten; sie stehen zu Jeremia.
b) Dann auf Grund des Berichts dieses Vorfalls – nochmals durch Baruch – vor den *Oberen,* d.h. den Beamten auf Ministerebene, im Palast, nämlich im Zimmer des Staats-Schreibers, der Kanzlei. Einerseits wissen sie sich – auf Grund ihres Amtes – verpflichtet, dem König den außergewöhnlichen Vorfall mitzuteilen und die Rolle mit ihrem gewichtigen, (nach V. 16) erschreckenden Inhalt sicherzustellen, andererseits raten sie Jeremia und Baruch, sich zu verbergen. Zeigen die Beamten nicht ein ähnlich gespaltenes Verhalten wie der Priester am »Reichsheiligtum« Bet-El (Am 7,10ff), der einerseits von der Botschaft des Amos, die einer »Verschwörung« gleichkommt, Meldung bei Hof erstattet, andererseits dem »Seher« rät, das Land zu verlassen? In Jeremias Fall kann der wohlmeinende Rat durch den Hinderungsgrund (V. 5)

20 Auch dieser Erzählung geht es »um den Zusammenhang zwischen Auftrag und Geschick des Boten: Der Prophet gerät mit seinem Stellvertreter Baruch durch den Verkündigungsauftrag und seine Ausführung (V. 1–22) in Gefahr (V. 26a); beide werden aber in ihr bewahrt (V. 26b), so daß Jeremia die Rolle auf Gottes Geheiß und mit Baruchs Hilfe wiederherstellen kann (V. 27–32).« Demnach »entspricht das Geschehen der an den Propheten ergangenen Beistandszusage (15,20f; vgl. 1,8).« (A.Graupner, Auftrag 100).

21 V 6.8–10. Fehlt im ursprünglichen Bericht eine Reaktion des Volks? Sie mag im Geschehensverlauf zu diesem Zeitpunkt auch noch offen sein; anders und eindeutig stellt sich die Situation aus der Sicht der (jerdtr.) Redaktion (V. 31) dar.

22 Vgl. Jer 26,11 gegenüber 26,9; auch Am 7,11 »So sprach Amos« u.a.

23 Vgl. 1 Kön 21,9.12; Jon 3,5 u.a. Vermutlich trat am Fasttag ein prophetischer Sprecher auf – als Fürbitter des Volkes bei Gott wie als Bote Gottes zum Volk.

mitveranlasst sein. Einerseits die Gebundenheit an das Amt, andererseits die Sympathie mit dem Propheten (einschließlich einer Anerkennung seines Charismas?) stehen gegeneinander. Die Schwierigkeit liegt nicht in der Person, sondern der Sache oder der Situation mit ihrer Aufgabe; sie suchen Jeremia und Baruch vor den Folgen ihres eigenen Handelns zu schützen, zumindest deren Leben zu retten, und geben Bescheid, dass sie den Hof über die Angelegenheit informieren. So hat das »Verwahren« der Rolle (V. 20) noch einen anderen, hilfreichen Aspekt: Durch die Sicherstellung ist sie zugleich von Baruch getrennt; statt seiner übernimmt in der letzten Szene ein anderer die Verlesung.[24]

c) Den Höhepunkt des Handlungsablaufs bildet die dritte Verlesung vor dem *König* und seinen Oberen bzw. Beamten (V. 21) und »seinen Dienern«, seinem Hof (V. 24), diesmal durch einen Beamten, der dem König die Rolle zu Ohren bringt. Bei dieser letzten Szene »geht der Erzähler nun ganz bis ins einzelne: der König im Winterpalast, am Kohlenbecken sitzend, um ihn seine Minister –, aber letztlich ist es doch nicht der König, sondern die Rolle, die im Mittelpunkt des Interesses steht, wie sie vom König zerschnitten und Stück um Stück ins Feuer geworfen wird«[25]. Er mit seinem Hofstaat zeigt (V. 24) nicht die zu erwartende, nötige Reaktion – oder wird die Bestürzung (V. 16) gar vor dem König verborgen? Er überhört zudem die Warnung dreier Beamter, die sich für den Erhalt der Buchrolle einsetzen (V. 25), und befiehlt, Jeremia und Baruch festzunehmen.

Kann der König das Wort auslöschen, seine Wirksamkeit verhindern? Wer erweist sich als zukunftsträchtig, bestimmt das Geschehen mehr, der Befehlshaber oder das machtlos erscheinende Wort, das beansprucht, mit der Anklage zugleich auf Kommendes zu verweisen? Eigentlich ist nur die Niederschrift (V. 23) betroffen – nicht das Wort selbst (vgl. 1,11f). Das Geschehen erscheint im Handlungsverlauf wie ein Zwischenergebnis geteilt oder gar zwiespältig: Die Rolle ist zwar verbrannt, Jeremia und Baruch sind – für weiteres mögliches Han-

24 H.-J.Stipp stellt die Bedeutung der Familie *Schafans*, die vielfältig (26,24; 29,3; 36,10f.25; 39,14; 40,5 u.a.) genannt wird, heraus, hebt aber hervor, dass die von ihm angenommene, fragmentarisch erhaltene Grundschicht (Parteienstreit, 112) »aus kurzer Rückschau einen tatsächlichen Vorgang wiedergibt. Der Autor entstammt dem Anhängerkreis Jeremias und mußte nähere Einblicke in die Aktivitäten des Propheten als auch in die Vorgänge bei Hof besitzen.« Vgl. Buchrolle 248ff.

25 G.v.Rad, TheolAT II, 53. »Von all der Mühe des Schreibens, von der dafür verwendeten Zeit, vom kostbaren Schreibmaterial und – am meisten – von allen Worten Gottes und des Propheten bleibt vorläufig nur ein wenig Asche.« (G. Wischer II, 299).

deln – aber noch frei. Den Rat der Beamten (V. 19) nimmt V. 26 deutend auf: »Jahwe hat sie verborgen«; sein Wirken umschließt so menschliches Handeln.[26]

War Jeremia zuvor »gehindert« (V. 5) und muss sich jetzt verbergen (V. 19.26), so kann er später, zumindest unter dem folgenden Herrscher Zedekia, der – anders als seine Beamten – Jeremia eher wohlwollend gegenübersteht, wieder ungehindert (37,4), eine Zeitlang frei öffentlich auftreten; bis er eingekerkert wird und – vor dem bitteren Ende – diesem König »heimlich« (37,17; vgl. 38,16) begegnet.

Wie jene Begegnung mit Amos auf ein persönliches Drohwort (7,16f) gegen den Priester, der dem prophetischen Gotteswort keinen Freiraum lässt, zuläuft, so ergeht in einem literarischen Nachtrag über den König, der gegen das Jeremia- bzw. Gotteswort einschreitet, eine Unheilsansage: Er soll – entgegen der Natanweissagung (2 Sam 7; 23,5; Ps 89 u.a.) – keinen Nachkommen auf dem Davidthron haben und unbestattet-ehrlos bleiben. Diese (zweite) Zukunftsankündigung nimmt frei das Jer 22,18f (.30) im Rahmen der Königssprüche erhaltene Wort gegen Jojakim auf.

Auf göttlichen Auftrag (V. 27f) diktiert Jeremia die Rolle aufs neue, lässt also den Inhalt nochmals aufschreiben (V. 32a). Viele ähnliche Worte werden »hinzugefügt« (V. 32b).

Die auffällige, unpersönlich-passivisch formulierte Bemerkung V. 32b ist auch in der griechischen Übersetzung bezeugt und scheint innerhalb des Jeremiabuchs eine eigene Wirkungsgeschichte zu haben:

Die zweiteilige sog. Kanonformel (Dtn 13,1; 4,2) wird wohl aus Rücksicht auf Jer 36,32b nur zur Hälfte (26,2) »kein Wort weglassen« aufgenommen. So wird ein Widerspruch innerhalb des Buches vermieden; hier ist ein Stück Buchentstehung erkennbar. Zudem entspricht die Angabe 36,32b dem Wachstum der Überlieferung[27].

Wie der Er-Bericht von Jeremia erzählt, so lässt die Bemerkung 36,32b Ergänzungen durch Dritte zu; sie brauchen nicht von ihm selbst zu stammen. Darum hat, wenn man verallgemeinern darf, die schriftliche Überlieferung

26 »Was zunächst als menschlicher Rat erscheint, ist am Ende das Werk Jahwes. ... Dort, wo sich Menschen schützend vor den Propheten stellen (26,16; 29,29) oder ihm zu helfen versuchen (36,19), erfüllt Jahwe seine Zusage des Mit-Seins an Jeremia (15,20f).« (A.Graupner, Auftrag 110f) Entsprechend auch Jer 1,8.

27 Vgl. ATD 20, 36 und ATD 21, 76 zu Jer 26,2.

zunächst keine endgültig festgelegte Abgrenzung, kann vielmehr (noch) fortgesetzt bzw. fortgeschrieben werden.

Schon das Amosbuch enthält Visionen in Ich-Gestalt (in zwei Paaren Am 7,1-6 und 7,7 f.[9]; 8,1 f.[3]) und Er-Erzählung (7,10ff) sowie Ergänzungen aus einer (deuteronomistischen) Redaktion.
Ähnlich verbinden sich im Jesajabuch (innerhalb von Kap. 6–8) Vision als Ich-Bericht (Jes 6; vgl. auch 8) und Er-Erzählung (Jes 7).

Die beiden Einschübe der jeremianisch-deuteronomistischen (=jerdtr.) *Redaktion* (V. 3.7; vgl. 26,3) gehören zueinander; die Verbindung von Umkehr und Vergebung (36,3) steigert V. 7 eher zu Umkehr und Zorn. Vor allem sind beide Zusätze auf V. 31b bezogen: »Sie haben nicht gehört.«

Folgerungen für die Entstehung des Buches

Auf Grund von Kap. 36 sind bei Überlegungen zur Entstehung des Buches zumindest vier Phänomene zu berücksichtigen: der in 3. Person gehaltene Bericht selbst, die von ihm bezeugte – wiederhergestellte – Grundschrift (36,32a), die Ergänzungen (V. 32b) und redaktionelle Zufügungen (V. 3.7).

In grober Orientierung lassen sich eine Grundschicht mit erheblichen Erweiterungen unterscheiden:

a) Die sog. Urrolle liegt wohl innerhalb von Kap. 1–6 vor.
Sie wird nach der (in 1,1 erhaltenen) Überschrift »Worte Jeremias ...« von Jer 1,4–6,27 umgriffen und hat einen kaum überbietbaren harten Schluss (6,28–30). Er macht bei der Verlesung die Reaktion (36,16 gegenüber V. 24) verständlich: »sie erschraken«.

Die Doppelbezeugung des Textes in 6,12–14; 8,10f erklärt sich am besten mit der Annahme, dass es sich um *eine* Überlieferung handelt, die in zwei Sammlungen in leicht veränderter Form erhalten ist. Bei näherem Vergleich bietet 6,12–14 eher die ältere Fassung.[28]

Zu den V. 32b erwähnten »Ergänzungen« wird man zumal zweierlei (b, c) rechnen müssen:

28 Vgl. ATD 20, 162.198f; auch 34 Anm. 231.

b) Verschiedene *Sammlungen,* teils mit eigener Überschrift: »Über die Propheten« 23,9ff; »Haus des Königs« 21,11ff.
Die Konfessionen (zwischen 11,18 und 20) scheinen schon früh mit Ich-Berichten verbunden zu sein; Jer 15,17 bildet einen sachlichen Zusammenhang mit der Symbolhandlung Kap 16.

c) Eine Erzählung in 3. Person ab Kap. 20 (V. 1–6), zu der auch Kap. 36 gehört. Eine entscheidende Rolle spielt der mit Jeremia enger verbundene Baruch, »der Schreiber« (36,32; d.h. etwa Staatssekretär) bei der Niederschrift bzw. der Gestaltung des Buches (V. 4f.32). Ein Heilswort an ihn (Jer 45) steht am Schluss. Darum heißt die Erzählfolge gerne die *Baruchbiographie,* obwohl sie eigentlich (nur) die Folgen der Verkündigung für den oder die Betroffenen, Jeremia und Baruch, beschreibt.
Die auf Kap. 45 folgenden Völkersprüche bildeten wohl einmal eine selbständige Größe.

d) Die jerdtr. Redaktion versteht Jeremia als »Prediger der Umkehr«; allerdings handelt es sich »um eine verfehlte Möglichkeit der Rettung«[29]. Da der Bußrufer keine Hörbereitschaft findet, wird stärker die Schuld des Volkes betont. Die Unheilsansage (wie 1,14; 4,5f; 6,1 u.a.) zielt eher auf Anerkennung der Einsicht und Einstellung auf die angesagte Zukunft.

Weitere spätere Zusätze können schon einen liturgischen Charakter haben, so die Komposition Jer 14–15,4 oder in den Konfessionen das Loblied 20,13.[30]

---

29 W. Thiel, Redaktion II, 49 bzw. 50; vgl. 109; dazu ATD 20, 37ff. Das gesamte Werk ist wohl »die Arbeit einer Gruppe« (W.Thiel, ebd. 114). Einer Intention der Redaktion geht nach: »Bundesbruch« und »neuer Bund«. Spurensuche nach einem inhaltlichen Zusammenhang innerhalb der Redaktion (FS Th. Willi).

30 Vgl. oben zu den Redeformen.

VI. Sozial- oder Gesellschaftskritik

Mit der Sozial- oder Gesellschaftskritik steht Jeremia in einer – nur beispielhaft angedeuteten – Geschichte prophetischer Vorgänger. Einen Schwerpunkt hat das Thema, zumal die Unterdrückung der Armen, schon im Amosbuch.[1] Eindrücklich schildert das Gleichnis vom Weinberg (Jes 5,1–7) die vielfältige ihm zugewandte Fürsorge[2], um die Aussicht des Besitzers dem Ergebnis (V. 7) gegenüberzustellen:

> »Er wartete auf Rechtsspruch und siehe da: Rechtsbruch.«

Ähnlich einer Aufforderung wie »Erkenn und sieh!« (Jer 2,19) richtet sich Jeremias eindringlicher Aufruf zu eigener Erfahrung (5,1) an die Bewohner Jerusalems:

> »Durchstreift die Gassen Jerusalems, seht doch und forscht
> und sucht auf ihren Plätzen, ob ihr einen findet,
> ob einer da ist, der Recht übt, nach Wahrhaftigkeit strebt –
> so will ich ihr vergeben!«

Die – als Gotteswort formulierte – Mahnung zur Prüfung ist ein Ringen um Einsicht: »Schaut euch selbst genau um!« In eigener Wahrnehmung sollen sich die Zeitgenossen über die Situation vergewissern. Die allgemeine Erfahrung soll und kann wohl das Urteil des Propheten bestätigen. Wer bemüht sich im Bereich des Rechts um Wahrheit? Die Antwort auf die Frage müsste lauten: »Niemand!«.

Kommen die Zuhörer der Aufforderung nicht nach? Statt ihrer übernimmt der Prophet selbst die Aufgabe eines »Prüfers« (vgl. 6,27). Er findet (5,2f) einer-

---

1 Am 2,6f; 8,4–7. Vgl. 1 Kön 21; Mi 3,1ff u. a. Auch außerhalb der Prophetie tritt Gott als Anwalt der Schwachen auf (Spr 22,22f; 23,10f; vgl. 14,31; 17,5 u. a.).

2 Vgl. Mk 12,1; auch im Abschnitt Redeformen zu den geschichtlichen Rückblicken.

seits »falsch Schwörende«, stellt andererseits allgemein fest: »sie weigern sich, Zucht anzunehmen«, »weigern sich umzukehren«[3]. – Daraufhin sucht der Prophet innerhalb der Gesellschaft zu unterscheiden (5,4f):

> »Da dachte ich: Nur die Geringen, sie handeln töricht;
> denn sie kennen den Weg Jahwes, das Recht ihres Gottes nicht.«

Lassen den »geringen«, kleinen Leuten Alltagssorgen, mühevolle Arbeit oder bedrückende Lasten nicht die Zeit? Der Prophet muss jedoch erfahren: Auch »die Großen«, die gesellschaftlich Relevanten[4], verstehen nicht. »Gemeinsam« oder in gleicher Weise haben sie »das Joch zerbrochen, die Bande zerrissen«.[5] Bietet diese fast szenische Darstellung nicht eine eindrückliche Bestätigung für Jeremias Einsicht? Letztlich sind die Prüfenden selbst die Geprüften (5,7): »Wie könnte ich angesichts dessen dir vergeben?«[6]

> Dieser Textkomplex, die sog. Frühzeitverkündigung, enthält weitere entsprechende Zeugnisse: Ein Aufruf (6,9f), wie ein Winzer Nachlese zu halten, nach übriggebliebenen Trauben zu suchen, erbringt kein anderes Ergebnis: »Sie können nicht hören.«[7] Auch die »Wächter« (6,17)[8] stoßen auf Ablehnung. Sie wirken im Fortgang der Untersuchung bzw. des Textverlaufs wie eine Vorbereitung der Tätigkeit des »Prüfers« mit seinem harten Ergebnis (6,27–30).

Mit dem Vorwurf der Hinwendung zu anderen Gottheiten und mit Anspielungen auf politische, ja zeitgenössische Situationen hat Kap. 2, das Jeremias Verkündigung eröffnet, zwar andere Schwerpunkte, spielt aber bereits auf das sozialkritische Thema an (2,33b-34):

3 Vgl. Jer 8,5; 9,5; ähnlich 3,3; auch Hos 5,4; 11,5.

4 Die Gegenüberstellung »Geringe/Kleine« – »Große«, die mehrfach (6,13; 8,10 u.a.) ähnlich begegnet, ist für eine nähere Bestimmung wenig spezifisch: Die Gruppe der »Großen« (vgl. Mi 3,1 »Häupter«, »Führer«) ist wohl »nicht zu eng aufzufassen. Auch Priester, Propheten, Weise, Starke, Reiche oder der König selbst, von denen Jeremia das ›Kennen‹ JHWHs erwartet (2,8; 9,23; 22,16), können zu ihnen gehören.« (R. Kessler, Staat und Gesellschaft im vorexilischen Juda: VT.S XLVII, 1992, 70)

5 Jer 5,5 schließt an 2,20 an.

6 Anders als das ausdrücklich an Jerusalem ergehende Wort lautet Jeremias – wohl auch aus seiner Frühzeit stammende – Zusage an das Nordreich (3,12; 31,20; vgl. 3,22; u. zu Heilsverheißungen für das Nordreich).

7 Vgl. 4,22; 5,21.

8 Diesen Titel nimmt das Ezechielbuch auf (3,17–19; 33,1–20, bes. V. 7–9; dazu W.Zimmerli, Ezechiel: BK XIII/1–2, 1969. ²1979, 801; vgl. 68*; ders., Ezechiel: BSt 62, 1972, 148f).

»Darum ›hast du‹ auch an Bosheiten deine Wege gewöhnt.
Sogar an deinen Gewandsäumen findet man das Blut des Lebens unschuldiger Armer ...«

Am »unschuldigen Armen« wird Gewalt geübt. So schwerwiegende soziale Vergehen erscheinen nicht nur als einzelne Vorkommnisse. Von vornherein ist mit Einzeltaten ein Gesamtverhalten im Blick; an »Bosheiten« hat man »sich gewöhnt«.[9]

Die Gottesrede Jer 5,20–29 stellt in einem Abschnitt (V. 26–28) ihres ausführlichen Schuldaufweises das Verhalten einer Gruppe, der »Frevler in meinem Volk«, gegenüber den Mitmenschen dar.

»Denn unter meinem Volk finden sich Frevler:
Man lauert, wie sich Vogelsteller ducken,
sie stellen ›Fallen‹[10] auf, Menschen fangen sie ...
Recht schaffen sie nicht:
das Recht der Waise, dass sie es zum Erfolg brächten,
und das Recht der Armen[11] führen sie nicht herbei.«

Die »Frevler«[12] verhalten sich wie Vogelsteller, die in einem Versteck lauern, um allerdings nicht Vögel, sondern Menschen zu »fangen«. Die Waisen gehören zu den besonders schutzbedürftigen Gliedern der Gesellschaft; wie schon Jesaja[13] nennt sie Jeremia eigens. Dabei mündet Jeremias Sozialkritik – ähnlich der seiner Vorgänger[14] – in eine Kritik des Rechtsmissbrauchs. Diese Darstellung steht in einem Rahmen, der das Volksganze betrifft.

Eine ähnliche Spannweite findet sich im Urteil über Jerusalem (6,6f):

---

9 Vgl. 9,4; 13,23; auch 9,13; ähnlich »fließen über« 5,28.

10 Das Wort meint »auf der Bildebene die Falle des Vogelstellers«, ist aber »gewählt, um die Sache selbst, nämlich die ausweglose Lage, in die die Armen durch die Reichen geraten sind, zu verdeutlichen«: ihr Verderben (ThWAT VII, 1244; vgl. 1198).

11 Statt »Arme« bezeugt die LXX »Witwen«, gleicht so mehr an die üblichere Verbindung »Witwe und Waise« an (Dtn 27,19; Jer 7,6; 22,3 u.a.).

12 Im Gegenüber zum »Gerechten« bezeichnet »Frevler« einen Menschen, »der das Leben seiner Volksgenossen bedroht« (THAT II, 814). Zum Vogelsteller vgl. Hos 9,8.

13 Jes 1,17.23; 10,2; vgl. Ex 22,21; Spr 23,10; Hi 29,12; Ps 10,14.18 u.a.

14 Vgl. etwa Am 2,8; 5,12; Mi 3,11; Jes 1,23 u.a. Bei den geschilderten Vergehen wurden geltende Schutzbestimmungen außer Acht gelassen oder verdreht.

»Wie ein Brunnen sein Wasser quellen lässt,
so lässt sie (die Stadt) ihre Bosheit quellen,
›Gewalttat und Bedrückung‹ hört man in ihr ...«[15]

Auch wenn es in der Stadt besonders Leidende gibt, wird sie doch insgesamt als schuldig verstanden, wie sie insgesamt von Feinden bedrängt wird.[16]

Legt der Prophet einen strengeren »Wertmaßstab« als die Zeitgenossen an? Jedenfalls hat Jeremia mit dem – schon erwähnten – Thema *»Wahrheit/ Wahrhaftigkeit«* einen eigenen Schwerpunkt.[17] Mit diesem Motiv oder entsprechenden Stichworten nimmt eine Klage oder Anklage (9,1–8) die Stoßrichtung nochmals auf, führt den Zwiespalt im Volk mit der Gegenseitigkeit des Verhaltens (V. 2–5) einprägsam vor Augen:

»Sie spannen ihre Zunge wie ihren Bogen,
Lüge und nicht ›Wahrhaftigkeit‹ sind mächtig im Land;
denn von Bosheit zu Bosheit schreiten sie,
mich aber kennen sie nicht – Spruch Jahwes.
Hütet euch, ein jeder vor seinem Freund,
und vertraut auf keinen Bruder;
denn jeder Bruder betrügt (handelt wie Jakob),
und jeder Freund übt Verleumdung.
Und sie täuschen, ein jeder seinen Freund,
und sprechen nicht die Wahrheit.
Sie haben ihre Zunge an das Lügen gewöhnt ...
sie weigern sich, mich zu kennen – Spruch Jahwes.«

Das zwischenmenschliche Miteinander, die Beziehungen zum »Nächsten« und »Bruder« (V. 3 f.7), sind zutiefst gestört, hier mehr durch Worte, »Lüge« und fehlende »Aufrichtigkeit«.[18] Die hoffnungslose Lage spiegelt die Mahnung wider,

15 »Gewalttat und Bedrückung« sind wohl als Zitat aufzufassen; es gibt den Inhalt eines Hilfeschreis der Leidenden wieder, der »gehört« wird. Vgl. 20,8; Am 3,10; Hi 19,7; Ez 45,9; Hab 1,3 (dazu J.Jeremias, BK XIV/5,2, 2022, 50ff) u. a.

16 »Jerusalem ist so total verdorben, daß es zu gar nichts anderem fähig ist, als unablässig Böses hervorzubringen, wie eben eine Quelle unablässig frisches Wasser hervorsprudelt.« (G. Wanke, Jeremia 1, 79)

17 Vgl. 5,1f; 9,2.4.5.7; auch 7,28; im Gegenüber zu »Trug« 5,27; 6,13 = 8,10 u. a.

18 Vgl. 5,1f; 8,6; Jes 59,3f; Spr 12,17.22; Ps 15,2f; 24,4;119,29 f. Die lügnerische Zunge gleicht einem Bogen bzw. einem tötenden Pfeil (Jer 9,2.7). Fehlende Wahrhaftigkeit hat ernste, lebensbedrohliche Folgen; vgl. im Dekalog das achte bzw. neunte Gebot (Ex 20,16; Dtn 5,20), das nicht absolut Wahrheit, aber den Schutz des Nächsten verlangt.

selbst gegenüber dem Freund misstrauisch zu sein.[19] Kann ein solcher Aufruf die Situation ändern, aufheben wollen, oder nimmt er sie nicht verschärft in den Blick?

Der Vorwurf des »Betrugs« spielt in der Nachfolge Hoseas (12,4) mit der Wortwahl bis in die Vorgeschichte auf den Erzvater Jakob an.[20] Im Ahnherrn, der das Volk verkörpert, werden Vergangenheit und Gegenwart, hier im Blick auf die Schuld, zusammengesehen.

Dass *alle* betroffen sind, entspricht der gründenden Heilstradition, die an das Volk insgesamt[21] ergeht - mit den Worten, die Jeremias Verkündigung in ihrer vorliegenden schriftlichen Gestalt (2,2f) einleiten: »Heilig war Israel Jahwe/ dem Herrn.«

So durchzieht eine gewisse *Spannung* die prophetische Verkündigung: Einerseits äußert sie sich in scharfer Kritik an Gruppen, verweist auf »Frevler in meinem Volk« (5,26), andererseits bezeugt Jeremia in Übereinstimmung mit der ihm in der Vision (1,14) eröffneten und von ihm (4,6; 6,1 u.a.) weitergegebenen Zukunftsansage Unheil über »alle Bewohner«. Die (5,26ff; 9,2ff u.a.) geschilderte Wirklichkeitserfahrung widerspricht Jeremias Auffassung nicht, wirkt eher wie eine Begründung.

Das Urteil, nach dem alle schuldig sind, greift über das unmittelbar Wahrnehmbare hinaus:

> »Sie alle sind widerspenstig.« (6,28[ff])
> »Unwahres reden sie.« (8,6)
> »Vom Kleinsten bis zum Größten[22] sind sie alle auf Gewinn aus.
> Vom Propheten bis zum Priester üben sie alle Trug.« (8,10)

In seiner Einsicht kann Jeremia zugleich ein Urteil seiner Vorgänger übernehmen.[23] Die Kritik an Gruppen ist eingebunden in die Kritik am Ganzen.

---

19 Vgl. 7,4; 17,5; Mi 7,5. Mi 7 nimmt Jer 9,1–3 auf; vgl. H.W. Wolff, BK XIV/4, 1982, 176f.184; R. Kessler, Micha: HThK.AT, 1999, 287.

20 In Zuspitzung der Vätertradition Gen 25,26; 27,36 verfolgt Hosea in seinem Geschichtsrückblick 12,(1–)4 die Schuld des Erzvaters Jakob/Israel (32,28; 35,10) bis in den Mutterleib. Nachwirkungen finden sich außer Jer 9,3 auch Jes 43,27; Mal 3,6.

21 »Ich habe das Elend meines Volkes gesehen« (Ex 3,7; vgl. 3,9f u.a.).

22 Die Gesamtheit übergreift Jeremia mit verschiedenen Formulierungen wie: »ihr alle« (2,29), Kleine wie Große (5,4f), »vom Kleinsten bis zum Größten – sie alle« (6,13; 8,10; vgl. Anm. 4), »keiner« (8,6), »ein jeder« (9,4) u.a.

23 Die Einsicht in die Schuld der Gesamtheit ist schon bei Jeremias prophetischen Vorgängern bezeugt: Am 3,2; Hos 1,2; 3,1; 4,1f; 5,3; Jes 1,2f.4.10; 5,7; 6,5.10; 8,6.11f; 9,15; 28,11.14; 29,13f; Mi 3,8; auch Ez 2,3ff u.a.

Die allgemeine kann Jeremia sogar in eine grundsätzliche Aussage überführen. Der Vergleich von Natur- und Sozialwelt (vgl. 8,7) weist auf Unveränderbares hin. Erscheint der Mensch auf Grund seiner Gewohnheit hier nicht wesentlich unwandelbar?

»Verändert etwa ein Mohr[24] seine Haut,
ein Leopard seine Flecken?
Dann könnt auch ihr Gutes tun,
die ihr gewohnt seid, böse zu handeln.« (13,23; vgl. 2,22)

Gibt es nicht doch den *einen,* nach dem Jer 5,1 zu suchen auffordert? Im Rückblick weiß Jeremia von einer Person, die »Recht und Gerechtigkeit« geübt hat: König Josia/Joschija erscheint (22,15f) als Vorbild. Bald darauf sind die Verhältnisse allerdings anders. In der den Königsworten gewidmeten Sammlung[25] ergeht heftige Kritik an seinem Sohn:

»Wehe dem, der sein Haus mit Ungerechtigkeit baut! ...« (V. 13)
»Jedoch deine Augen und dein Herz
sind nur auf deinen Vorteil (unrechten Gewinn) aus ...« (V. 17)

Innerhalb eines umrahmenden »Wehe!« (V. 13.18)[26] wird das Lob des Vaters (V. 15f) überliefert; ethisches Handeln, Gotteserkenntnis und Wohlergehen sind verknüpft:

»Dein Vater – hat er nicht gegessen und getrunken?
Er übte Recht und Gerechtigkeit.
Damals ging es ihm gut.[27]

---

24 Vgl. o. zu den Redeformen mit Anm. 20.

25 Der Sammlung 21,11–22,30 ist überschriftartig als Motto, Leitgedanke und Urteils-Kriterium 21,12 wohl nachträglich (vgl. 4,4b) vorangestellt. Vgl. H.-J.Hermisson, Studien 37–58, bes. 39 f.

26 Die Einheit (22,13–18) greift gegen Ende mit dem »Wehe« der Totenklage (V. 18; vgl. zu den Redeformen) auf den Anfang (V. 13) zurück. In die Anklage über den König Jojakim (V. 13f) mit abschließender Gerichtsansage (V. 18f) in direkter Anrede ist der Vergleich mit dem Vater Josia (V. 15b–16) eingebaut, auf die eine Beurteilung vom Vater her (V. 17) erfolgt. Josias 2 Kön 22f berichtete Reform bleibt unerwähnt.

27 Vgl. Rut 3,7. Der Begriff des »Guten« spielt in der Jeremia-Überlieferung eine Rolle; vgl. 24,5; 29,32, wo man oft »Glück« übersetzt; auch 14,11; 15,11; dazu 6,16 u.a. Vgl. R. Smend, Essen und Trinken – ein Stück Weltlichkeit des Alten Testaments: Die Mitte des AT. GSt I: BEvTh 99, 1986, 200–211.

Er führte die Sache des Elenden und Armen ...
Heißt nicht das, mich zu erkennen? Spruch Jahwes.«

Wie schon in der dem Volk geltenden Anklage (9,2ff) scheint sich Gotteserkenntnis – ähnlich der Einsicht Hoseas[28] – zumal im ethischen Verhalten zu äußern. Josia wird nicht für die Reform gelobt, vielmehr weil er Recht und Gerechtigkeit übte, sich für Schwache, Bedrängte einsetzte.[29] Vor allem gilt der Lobpreis nicht dem lebenden Herrscher, sondern wird nur im Rückblick auf die Vergangenheit[30] gesprochen – so im Gegenüber als Gegenbild zur Gegenwart. Dabei liegt statt eines Aufrufs zu neuem Tun und Lassen eine Anklage vor, die den Angeredeten bei seiner Tat behaftet.

Im Anschluss an die Hoseatradition (4,2), mit Anklang an die sog. zweite Tafel des Dekalogs richtet sich der Vorwurf in der Tempelrede (Jer 7,9) an das Volksganze:

»stehlen, töten, ehebrechen[31], falsch schwören«.

Hier (wie etwa Jer 2,29ff) bilden die gesellschaftskritischen Elemente deutlich keinen selbständigen Bereich von Jeremias Verkündigung, sondern treten durchweg im Zusammenhang mit anderen Themen auf, sind als Bestandteile einer Botschaft verbunden.

Menschliches Zusammenleben zum Heil bedenkt der Brief (29,5–7)[32], der sich an die richtet, die das Gericht schon erfahren haben und noch erleben. Die Verheißung vom »neuen Bund« (31,31–34) erhofft sogar eine tiefe Änderung im Menschen.

---

28 Vgl. Hos 4,1f; 5,4; 6,3; 8,2.

29 »Durch Gerechtigkeit besteht der Thron.« (Spr 16,12; vgl. 20,28; 25,5; auch Ps 45; 72; von David: 2 Sam 8,15 u.a.).

30 Ähnlich von der Stadt Jes 1,21 oder Jer 2,2 im Kontext.

31 Der Vorwurf »sie alle sind Ehebrecher« (5,7f; 7,9; 9,1; 13,27) kehrt gegenüber den (Heils-) Propheten (23,10.14) wieder. Lässt er sich teils auch als Hinwendung zu fremdem Kult verstehen? Vgl. Hos 4,12ff; Jer 2,19ff; 3,2f.

32 Vgl. u. Heilsverheißungen für das Südreich.

VII. Die Konfessionen (zwischen Kap. 11,18ff und 20)

In den Konfessionen[1] spricht Jeremia die äußere und innere Bedrängnis aus, in die er auf Grund seines Auftrags geraten ist. Er trägt, wie er in der Gebetsanrede (15,15) formuliert, Verfolgung »um deinetwillen«. Äußeren Anfeindungen entsprechen innere Anfechtungen.[2] So sind die Konfessionen geprägt durch: a) das Verhältnis zwischen Gott und Sprecher Du – Ich, die Anrede an Gott (»gedenke an mich« 15,15; »gib acht auf mich!« 18,19) sowie dessen Antwort (15,19ff), b) die Form und Ausdrucksweise der Klage, schließlich c) eine soziale Auswirkung: die Erfahrung von Nachstellungen (11,18f u.a.; als Situationsangabe in Prosa 18,18), so zugleich eine Ausgrenzung.

Auch wenn Zeugnisse über persönliche Regungen bei den (sog. Schrift-) Propheten eher selten sind, gibt es bei Jeremias *Vorgängern* doch Ansätze oder Vorformen der Konfessionen.

Schon bei *Amos* findet sich innerhalb der als Ichbericht bewahrten vier Visionen im ersten Paar ein Hauptelement der Grundform des Klage- bzw. Bittlieds (Am 7,2.5): »Herr, vergib doch, denn ...!« Der weitere Verlauf zeigt, dass dieser Bitte nicht entsprochen wird. Innerhalb der Vision ruft *Jesaja* ein »Wehe

---

1 Zu den Konfessionen werden gerechnet: 11,18–23; 12,1–6; 15,10–21; 17,14–18; 18,18–23; 20,7–13.14–18. Sie schließen mit dem Verbot der Fürbitte 14,11f (15,1), das innerhalb des größeren Rahmens von 14,1–15,4 erhalten blieb, und dem Selbstbericht über die Symbolhandlung mit den harten Folgen für die eigene Lebensführung Kap. 16 (ohne V. 4) Texte ein, die inhaltlich verbunden sind, Jeremias Auftrag wie seinen Einsatz zeigen. Vgl. den Abschnitt im Literaturverzeichnis.

2 »Das ihnen Gemeinsame besteht darin, daß sie sich nicht als Gottesrede an die Menschen wenden, sondern ein Niederschlag sind des Gespräches des Herzens mit sich selbst und mit Gott.« So urteilt sich einfühlend G.v. Rad (TheolAT II^4, 209). »Diese Dichtungen zeigen eine Intimität des geistigen Umgangs mit Gott, eine Mündigkeit des Sichaussprechens und eine Freiheit im Eingestehen eigenen Versagens oder widerfahrenen göttlichen Tadels, die wohl als eine Manifestation edelsten Menschentums zu gelten haben.« (212)

mir!« (6,5) aus; es erscheint ausgestaltet bei Jeremia (15,10).[3] In einer Selbstaussage, die an Motive im Psalter erinnert, kann Jesaja (8,17) bekennen:

»Ich will harren auf Jahwe, der sein Antlitz vor dem Haus Jakobs verbirgt.«[4]

Bei diesem – die sog. Denk- oder Urschrift (6,1–8,18) abschließenden – Bekenntnis handelt es sich um eine Art Selbstreflexion, ein persönliches Wort des Propheten Jesaja, das man »prophetische Konfession«[5] nennen kann. In einer schlimmen Situation, in der Jerusalem »wie eine Hütte im Weinberg übrigblieb« (1,8), will sich Jesaja wegen der Größe des Unglücks nicht trösten lassen (22,4): »Ich muss bitter weinen.« Angesichts eines schweren Schlages, der über die Hauptstadt des Nordreichs hinaus Juda und Jerusalem treffen wird, reagiert *Micha* ähnlich:

»Klagen muss ich und heulen, barfuß und nackt gehen.«[6]

Die Einbeziehung der eigenen Person kommt bei Jeremia ausführlicher und tiefer zu Wort; seine Botschaft kann auch sonst in Form einer *Klage* auftreten:

»O mein Leib, mein Leib, ich muss mich winden.« »Mein Herz ist krank.«[7]

Jeremia ist »weder Gläubiger noch Schuldner« (15,10), hat insofern eine Auseinandersetzung mit den Zeitgenossen nicht selbst verschuldet; darum entsteht der »Streit« eher als Auswirkung seiner Botschaft, vielleicht auch des ihm (16,5.8) aufgetragenen symbolischen Verhaltens.

»Wehe mir, meine Mutter, dass du mich geboren,
einen Mann des Streits und einen Mann des Zanks für das ganze Land!«
(15,10)

---

3 Vgl. Mi 7,1; Jer 10,19 »Wehe mir ...; unheilbar ist meine Wunde«; 4,13; 6,4 »Wehe uns!«; mit verschiedenen Betroffenen: Jer 13,27 u. a.; thematisch: die Fluchworte 20,14ff; aufgenommen Hi 3; auch 1 Kön 19,4; Jona 4,8. Vgl. zu den Redeformen.

4 Vgl. Jes 8,14; 29,9f.13f u. a.; dazu L.Perlitt, Die Verborgenheit Gottes (1971): Allein mit dem Wort, 1995,11–25; S. Wagner, ThWAT V (1986) 967–977; H.-J.Hermisson, Der verborgene Gott im Buch Jesaja: Studien 105–116.

5 So O. Kaiser, ATD 17, 1960[1–4], 92.94 (anders 1981[5], 185); H. Wildberger, BK X/1, 1972, 343.

6 Mi 1,8; vgl. 3,(1.)8. Nach J. Jeremias (Studien II, 252) wird »die persönliche Klage des Propheten im Ich-Stil unmittelbar mit der ältesten Verschriftung der Michaworte zusammenhängen«.

7 Innerhalb von Jer 4,19–21 bzw. 8,18–23; vgl. 13,17; 14,17f; 23,9; dazu o. zu den Redeformen.

So bricht das Persönliche nicht neben dem Prophetischen, sondern an ihm auf; der Auftrag bringt Vereinzelung. Das nach der Berufungsgeschichte geäußerte »Ach« mit der erfahrenen Zusage (1,6–8) wird in Jeremias Klagen und Konfessionen entfaltet – mit Gottes Antwort (15,19ff)[8].

Die Konfessionen weisen enge Berührungen mit den Klageliedern der Psalmen auf, zeigen aber auch eine *Eigenart*.[9] Vor allem gibt es Aussagen, die über die Psalmensprache hinausgehen, in ihr nicht belegt sind, sie erheblich zuspitzen. Diese Besonderheiten und Abweichungen werden durch die prophetische Botschaft verständlich.[10]

Die Konfessionen weisen sprachlich wie motivlich Querbezüge untereinander[11] wie Verbindungen mit der Botschaft[12] oder auch den Erzählungen vom Geschick Jeremias auf.

Schließlich scheinen die Konfessionen eine zeitlich nahe Wirkungs- bzw. Rezeptionsgeschichte zu haben: Wohl schon Ezechiel (2,8ff) gestaltet das Bildwort Jer 15,16 aus. Setzen die Gottesknechtlieder im Jesajabuch über das Motiv von Jeremias Berufungsgeschichte der Erwählung »im Mutterleib« hinaus auch die Konfessionen voraus?[13]

---

8 Vgl. schon Gottes Antworten 1,7.12; auch 14,11.14 u.a.

9 W. Baumgartner (Klagegedichte, 1917, 71) sieht das Phänomen und gewinnt die grundlegende Einsicht: »Im großen ganzen sind diese Lieder nach Bau und Wortschatz Psalmen. Erst bei näherem Zusehen stößt man auf die prophetischen Züge. Doch wenn diese formell erst in zweiter Linie kommen, so kommt ihnen dafür wegen ihres Inhalts um so größere Bedeutung zu. Sie sind ausschlaggebend für das Verständnis der Lieder.«

10 Etwa Jer 15,10.16–18; 17,16; 20,7–9. Die Konfessionen können sich wie die Psalmen »der gleichen Kategorien und Bilder bedienen. Dort, wo die Motive das Erlebnis der besonderen prophetischen Einsamkeit nicht mehr zu fassen vermögen ..., sucht die Darstellung selbst die ihr eigene, die Psalmensprache sprengende Ausdrucksweise.« (H.Seidel, Das Erlebnis der Einsamkeit: ThA 29, 1969, 90) – Nach H.-J. Hermisson (Studien 16) konnte »keine einzige der Konfessionen in dieser Gestalt als ein allgemeiner Psalmtext« gedichtet werden; es gibt (17) »nähere und fernere Parallelen zu den Psalmen, ... jedoch in sprachlicher Hinsicht viel mehr Differenzen als Übereinstimmungen«.

11 Auch wenn die Konfessionen in Kap. 11–20 aufgeteilt sind, findet sich »ein dicht geknüpftes Netzwerk von aufeinander bezogenen Bildern, Stichwörtern und Formulierungen, die es ausschließen, daß die Texte unabhängig voneinander entstanden sind« (H.-J.Hermisson, Studien 11). Die Texte sind »zwingend miteinander verbunden« (15). Literarisch bezeugt die Aufnahme von 11,20 in 20,12 einen Zusammenhang.

12 Zu »erkennen«, »Feuer« s.u.; zu dem »sich ereignenden« (1,4.11.13; 2,1 u.a.) »Wort Jahwes« (s. zu Jer 1 bei Anm. 24), »Mund« (1,9; 5,17; dazu 15,19), »umkehren – umkehren lassen« (15,19; 31,18; auch 3,12; 31,21 u.a.).

13 Vgl. Jer 1,5 mit Jes 49,1 (s.o. zu Jer 1 bei Anm. 14); etwa das Bild vom Schlachtschaf Jer 11,19 und Jes 53,7.

So gehen die Konfessionen im Kern oder *Grundbestand* höchstwahrscheinlich auf Jeremia selbst in seiner Situation zurück; sie enthalten allerdings Zusätze[14], welche die Überlieferung zu erläutern suchen.

Sagt Gott nach der Berufungsgeschichte (1,5) Jeremia zu: »Ich habe dich *erkannt*«, so weist schon der Eröffnungssatz der Konfessionen mit einem Wortspiel auf die Bedrohung hin: »Jahwe ließ mich erkennen, so erkannte ich«[15], ließ »mich ihre Machenschaften durchschauen«, sogar durch Verwandte.[16] Eine an Gott gerichtete Bitte lautet:

> »Erkenne, dass ich um deinetwillen Schmach trage!«[17]

Nach einer erläuternden Auskunft (18,18) sind die »Weisung« für den Priester, der »Rat« für den Weisen und das »Wort« für den Propheten charakteristisch. Da »das Wort Jahwes geschah« oder »sich ereignete« (1,4.11 u.a.), kann es eine Zeit des *Wartens* auf das Wort geben.[18]

> »Fanden sich Worte von dir, so verzehrte ich sie.
> Dein Wort ward mir zur Wonne und Herzensfreude.«[19]

Dennoch richten sich die Wirkungen des Wortes gegen ihn (20,8):

> »Jahwes/Des Herrn Wort wurde mir zum Schimpf und Hohn den ganzen Tag.«

Werden Gottes »Worte« gegenüber dem Volk in Jeremias »Mund – zu Feuer« (5,14 nach 1,9), so stellt eine rhetorische Frage (23,29) gegenüber einer besonderen Gruppe, den Heil (6,14; 23,17) ansagenden Propheten, eindringlich dar: »Ist nicht mein Wort wie Feuer?« Auch Jeremia selbst kann sich nicht ent-

14 Wie Jer 15,12.13–14; 17,12–13.

15 Jer 11,18; vgl. zum Wortspiel 17,14; 20,7.

16 Jer 12,6; vgl. 9,3; 20,7f; auch 15,10 »Mann des Streits«. Entsprechend berichten Erzählungen von Verfolgung: 20,1f; 26,(20–23.)24; 29,24ff; 36,26; von Baruch ebenfalls im Ich-Du-Stil 45,3.

17 Jer 15,15. Das Verb »erkennen« spielt in verschiedenen Themenbereichen der Überlieferung eine bedeutsame Rolle.

18 Vgl. 18,2; 28,(6.)11f; 32,7.8ff; 37,17; 42,4.7. – »Wie der große Zeitgenosse Jeremia warten musste, bis ihm in einer Krisensituation ein Gotteswort zukam, während sich beim eiligen Wort seines Kontrahenten Hananja Gotteswort und Wunschdenken bis zur Unkenntlichkeit miteinander vermischten, so hat auch Habakuk geduldig ausgeharrt, bis sich das Gotteswort einstellte.« (J.Jeremias, BK XIV/5,2, 2022, zu Hab 2,1)

19 Jer 15,16. Das Bild wird Ez 2,8–3,3 zu einer zeichenhaften Handlung ausgestaltet.

ziehen, muss diese Wirkmächtigkeit (20,9) erfahren: »in meinem Herzen wie brennendes Feuer«.

Die Gemeinschaft mit Gott kann für den Propheten die freundschaftliche Gemeinschaft mit Menschen geradezu ausschließen:

> »Nie saß ich heiter im Kreis der Fröhlichen und freute mich,
> unter dem Druck deiner Hand blieb/bleibe ich einsam.«[20]

Die Einsamkeit Jeremias, der an dem vertrauten Kreis (15,17) oder an einer Festlichkeit (16,5.8) nicht teilnehmen kann, ist nach diesem Verständnis nicht primär durch persönliche Schuld oder soziale Konflikte, sondern göttlichen Zugriff veranlasst; die gesellschaftlichen Auseinandersetzungen erscheinen erst als Folge der Verkündigung. Insofern wird jenes Selbstzeugnis durch den unmittelbar benachbarten Bericht von der Jeremia selbst treffenden symbolischen Handlung (Kap. 16 ohne V. 4) bestätigt.

Dabei steht er nicht nur auf Seiten Gottes gegen das Volk, ringt vielmehr – wegen der harten Folgen – mit Gott. Weil der Konflikt, in dem Jeremia steht, durch seine Aufgabe hervorgerufen ist, trägt er ihn auch mit Gott aus.

Betrifft Gottes Verborgenheit nach Jesajas Einsicht das Volk[21], so kann Jeremia die Ferne Gottes nicht nur dem Volk oder seinen prophetischen Gegnern ansagen, sondern selbst unter ihr leiden.[22] In Umkehrung seines eindrucksvollen Bildwortes von Gott als »Quelle lebendigen Wassers« (2,13) kann ihm Gott als im Sommer versiegender, ausgetrockneter Bach (15,18) erscheinen:

> »Du erweist dich mir wie ein Trugbach, als unzuverlässiges Gewässer!«

Erlebt Jeremia nicht mehr Gottes Nähe? Erfährt Jeremia, der mit Gott hadert und sich von ihm – wohl wegen des Ausbleibens der angesagten Zukunft (17,15) – getäuscht fühlt, nicht mehr, wie die Berufungsgeschichte (1,8; bildhaft ausgeführt 15,20f) verheißt, die Gegenwart und den Beistand Gottes in der Not? Allerdings wird der Zweifel oder die Verzweiflung Gott selbst vorgetragen; die Auseinandersetzung mit Gott findet im Gespräch mit Gott statt.

Jeremia kann seine Situation in wortspielhaften Wendungen einfangen, die ein Tun und Lassen aussagen, denselben Vorgang, in dem er zugleich Subjekt

---

20 Jer 15,17; vgl. 20,7f; zu dem erfahrenen Zwang Am 3,8; auch Num 22,18; 24,13; 1 Kor 9,16.

21 Vgl. o. Anm. 4.

22 Vgl. zumal 15,18 mit 23,23. N.Ittmann (Konfessionen 34) betont, dass die Konfessionen innerhalb der prophetischen Überlieferung als besonderes Merkmal eine Zuspitzung haben: »die (dort) fehlende Konfrontation der verhandelten Problematik mit Jahwe«.

und Objekt ist, von zwei »Seiten«, als Wirken Gottes und Handeln oder Geschehen-Lassen des Menschen, beschreiben. So ist Gottes Wirken – im Gespräch – als Empfangen, als aktive Passivität oder Rezeptivität des Betroffenen bezeugt, der in das Geschehen einstimmt:

»Jahwe/Der Herr ließ mich wissen, da wusste ich.« (11,18)
»Du hast mich betört, Jahwe/Herr, und ich ließ mich betören.« (20,7)
»Heile mich, Jahwe/Herr, dass ich heil werde,
hilf mir, damit mir geholfen wird!« (17,14)

So verbindet sich bei Jeremia eine gegenüber den Zeitgenossen tiefere Einsicht in die Situation, die gesellschaftliche wie politische Lage, mit der Erfahrung der Einsamkeit.

Rückblickend kann Jeremia an seinen Einsatz in der Fürbitte erinnern:

»Gedenke, dass ich vor dir stand, um Gutes über sie/zu ihrem Wohl zu reden!« (18,20)
»Jahwe, ich habe dir ›gedient‹ in guter Absicht.« (15,11)[23]

Entsprechend kann sich Jeremia im Mitleid mit seinem Volk (8,21) solidarisch fühlen.

Jeremias bedrohliche Lage kommt in einem Zitat der Gegner zum Ausdruck:

»Ich erkannte nicht, dass sie Anschläge gegen mich planten: ...
Wir wollen ihn ausrotten aus dem Land der Lebenden,
dass seines Namens nicht mehr gedacht werde.«
(11,19; vgl. Zitate der Gegner 17,15; 20,10)

Er kann sich seinerseits äußern:
»Ich werde deine Rache an ihnen sehen;
denn dir habe ich meine Rechtssache anheimgestellt.«
(11,20; vgl. 12,3; 15,15; 17,18; 18,23; 20,10–12)

Was heißt dann aber »Rache«? Sie enthält mehrere Aspekte oder Absichten: Sie erstrebt Aufhebung des Unrechts, Überwindung des Bösen und des persönlichen Leidens (15,15): »mich nicht wegraffen«. Dabei hält das Gebet fest, dass

23 Bei üblicher Textänderung 15,11; auch 17,16 »Ich habe dich nie gedrängt wegen des Unheils.« Zur prophetischen Fürbitte vgl. Gen 20,7; Am 7,2.5.

sich Gott, der »gerecht richtet, Nieren und Herz prüft« (11,20), in *diesem* Leben vor dem Tod zeigen möge und zu seinem Wort (1,8.12; 15,20f) steht. Zugleich bleibt Gott die Vergeltung vorbehalten[24], dem Menschen entzogen; die Herstellung des Tun-Ergehen-Zusammenhangs liegt nicht in seiner Hand.[25] So enthält die Bitte an Gott eine »Selbst-Einschränkung«, einen *Verzicht* des Menschen. Gott möge die Bestrafung für das übernehmen, was dem von ihm Berufenen angetan wurde.

Dabei bedeutet »Rache« für Jeremia kaum ein besonderes Einzelgeschehen, vielmehr die Erfüllung der Gerichtsansage, das Eintreten der von Jeremia angekündigten Zukunft.[26] So entsprechen oder gleichen sich die Bestrafung der Verfolger und die Unheilsansage über die Gesamtheit.

Zeigt sich in der vorliegenden Abfolge der Konfessionen ein Weg, wenn auch gewiss keine Lösung? Besteht eine Bewegung vom anfänglichen Vertrauensverhältnis (11,18ff) über eine klagende Frage (12,1ff) zu dem Vorwurf: Gott als »Trugbach« (15,18)? Nimmt das »Dunkel« zu? Trotz der dem Propheten zuteil gewordenen Antwort (15,19ff) gehen die Konfessionen kaum weniger eindringlich weiter. Sie laufen nicht auf eine Äußerung der Zuversicht zu. Nicht zufällig steht die im Ichbericht bewahrte, in das Leben eingreifende Symbolhandlung 16,1–9 (ohne V. 4) neben Jer 15,15.17. Die düsteren Schlussworte 20,14–18, die keine dialogische Struktur mehr aufweisen, nehmen noch einmal die in 15,10 geäußerte tiefe Spannung auf.[27] Vielleicht darf man von hier einen weiten Bogen schlagen:

Endet nicht auch das vorliegende Buch für Jeremia im Dunkel? Wie die Konfessionen enthält es innerhalb der unheilvollen Aussagen Heilsverheißungen, im Gewahr-Werden der Situation der Verlassenheit auch Vertrauen.

---

24 Anders als Simson Ri 16,28 tritt der Mensch die Rache ab; vgl. etwa Spr 20,22; 24,29; 25,21f; Dtn 32,35 u.a.; vgl. Lev 19,18; Röm 12,19f.

25 »Der Beter hofft aber, daß sich Gottes Gerechtigkeit, die der Feindschaft des Feindes ein Ende macht, schließlich durchsetzt.« (B. Janowski, Konfliktgespräche mit Gott, [3]2009, 129ff, bes. 131)

26 Es zeigt sich, »daß dieser Rachewunsch nichts anderes zum Inhalt hat als die Unheilsbotschaft des Propheten« (H.-J. Hermisson, Studien 18). Vgl. 20,11. Die Gegner erfasst das Gericht. Das »Stichwort ›Rache‹, das in den Konfessionen gleich viermal auftaucht, erscheint im Jeremiabuch in einer festen Wendung mehrfach für das Einschreiten gegen das eigene, frevelhafte Volk (5,9.29; 9,8).« (ebenda)

27 »So steht der Leser vor dem beklemmenden Eindruck, daß das Dunkel wächst und sich von Mal zu Mal tiefer in den Propheten hineinfrißt. Es ist wohl kein Zufall, daß die letzten beiden Texte dieser Art zugleich auch den äußersten Grad der Verzweiflung bezeichnen, in die sich Jeremia hinausgestoßen sah.« (G.v. Rad, TheolAT II[4], 211)

VIII. Symbol- oder Zeichen-Handlungen

Nach der Berufungsgeschichte erfährt Jeremia selbst eine symbolische Mundberührung.[1] Gegenüber einer solchen Handlung an einer Einzelperson geschehen symbolische Handlungen in der Regel für Zeitgenossen sichtbar, gleichsam öffentlich; gelegentlich (19,1.10)[2] wird sogar hervorgehoben: vor Zeugen.

Die Symbolhandlungen – mit den beiden Elementen: Zeichen und deutendem Wort, *signum* (bzw. *res*) und *verbum* – sagen nichts anderes als die Botschaft, aber auf andere Weise: anschaulich, eindringlich, zeichenhaft[3] eindrücklich. Unter seinen Vorgängern bedienen sich insbesondere Hosea und Jesaja dieser Ausdrucksform.[4] Mehrere symbolische Handlungen Jeremias[5] stellen kommendes Geschehen bildkräftig, sinnenhaft-wahrnehmbar vorweg dar, suchen es aber nicht unmittelbar herbeizuführen.

Jer 18 (V. 1–6) Der Gang zum Töpfer

Nach der Darstellung führt der – auf Auftrag vorgenommene – Gang zum Töpfer den Propheten zu einer tieferen Einsicht; bei der Beobachtung erhält die handwerkliche, zugleich kunstvolle Tätigkeit symbolhafte Bedeutung.

Auf die überschriftartige Einführung in 3.Person (wie 7,1; 11,1 u.a.) folgt V. 2–6 ein dreigliedriger Ich-Bericht:

---

1 Jer 1,9; vgl. Jes 6,6f; auch Hiob 1,20f (dazu 42,5f).

2 Vgl. Anm. 11. – Die in der Spätzeit spielenden Erzählungen 43,8–13 (V. 9 wohl: »heimlich«) und 51,59–64 haben einen anderen Charakter.

3 Das Wort »Zeichen« begegnet Jes 20,2; 8,18; Ez 4,3.

4 Vgl. Hos 1,1–9 (ohne V 5.7); 3,1–4(.5); Jes 8,1 f.3 f.18; 20,3 (»Zeichen«); vgl. auch 1 Kön 19,19 u.a.

5 Vgl. die persönliche Anrede Jer 13,1.3f; 16,5.8; 18,2; 19,2.10 (dazu Anm. 10).

a) V. 2 Gotteswort mit Auftrag und Ankündigung weiterer Gottesworte ohne Angabe von deren Inhalt[6]
b) V. 3f Ausführung des Auftrags
Wahrnehmung der Handlung und deren Beurteilung[7]
c) Nach der Einführung V. 5, d.h. dem Eintreffen der Ankündigung V. 2b, V. 6 Gotteswort mit Frage und Deutung der Beobachtung: *»wie – so«* mit Ausblick auf die Angeredeten »Ihr«

Der alltägliche Vorgang, das Wirken des Töpfers, der aus einem missratenen Gefäß nach Gutdünken oder seinem Sinn ein anderes formt, dient als in der Anrede ergehender Vergleich für Gottes Verhalten zum Volk:

a) »Kann ich nicht wie dieser Töpfer mit euch verfahren,
Haus Israel? Spruch Jahwes.
b) Siehe, wie (der) Ton in der Hand des Töpfers
so seid ihr in meiner Hand, Haus Israel.«

Das in seinem Verständnis strittige Wort (18,6) ist mit der Frageform (wie 13,23; 23,23; auch 7,11 u.a.) am ehesten ein zweigliedriges Disputationswort[8], das Gottes *Freiheit* und *Souveränität* oder uneingeschränkte Verfügungsmacht vor Augen führt. Ist die Beziehung Gott-Volk anders, als die Zeitgenossen annehmen?

Das Deutewort 18,6 wird in V. 7–10.11f von der Redaktion erläuternd und *verallgemeinernd,* hier mit Blick auf die Völker, ausgestaltet[9], kann sich so auch auf andere, spätere Situationen beziehen.

6 Vgl. »Wort« 1,11f; 36,2; 23,28f; zum Warten 28,6.11b (s. zu den Konfessionen Anm. 18).
7 Das »Formen« oder »Bilden« des Töpfers mit der Begutachtung klingt in der Schöpfungserzählung Gen 2,7.18f nach.
8 Vgl. o. zu den Redeformen.
9 Ähnlich 24,6f nach 24,5 oder 29,10–14 nach 29,5–7. Zu dem »Grundsatz« 18,7f vgl. die Darstellung des Jona-Buchs.

Jer 19 (V. 1–2a.10-11a) Der zu zerbrechende Krug

Am Stadttor zerbricht Jeremia vor Zeugen einen Krug. Der zugrundeliegende Bericht (V. 1–2a.10-11a) ist zweigliedrig:

a) *Auftrag* mit der sog. Botenformel »So spricht Jahwe/der Herr (zu mir)«[10]
V. 1–2a einen Krug zu erwerben (V. 1a)
und ihn in Begleitung von Zeugen (V. 1b. 10b)
am Scherbentor (V. 2a)
(V. 10) zu zerschlagen[11]

b) *Deutung* (im Anschluss an V. 10) durch
V. 11a Gerichtsankündigung über Volk und Stadt ohne Begründung als Gotteswort

Gegenüber einer Handlung, welche das Kommende herbeiführen will, ist die Ansage der Zukunft hier (19,11) *doppelt* gebrochen:

»Ebenso zerbreche ich dieses Volk und diese Stadt,
wie man Töpfergeschirr zerbricht, sodass es nicht mehr heil werden kann.«

Entsprechend dem Vergleich »wie – so«[12] liegt nur eine Analogie vor. Vor allem sind das Subjekt der Symbolhandlung und der angekündigten Zukunft verschieden; diese ist in Gottes Ich-Rede formuliert. Das künftige Geschehen ist allein Gottes Wirken, auf das Jeremias Akt in seiner Gegenwart nur verweist.

Ein späterer *Einschub* setzt einen älteren Ich-Bericht voraus und betont die Schuld des Volkes mit dem Verweis auf die der Ausschließlichkeit des Glaubens widersprechenden Zustände: »Gräuel«, im Tophet oder Hinnom-Tal (nach der entsprechenden Ortsangabe in V. 2a: 2b-9.11b-13; vgl. 7,31ff). Im Rückblick begründet die Einfügung das harte Gottesurteil (V. 11a) und beschreibt es, wohl auf Grund von Erfahrungen bei der schrecklichen Katastrophe (bes. V. 7), näher.

---

10 Ursprünglich handelt es sich (mit einigen hebräischen Handschriften und der griechischen Übersetzung) höchstwahrscheinlich um einen Ich-Bericht; vgl. 13,1; 18,2; 27,2. Er wurde mit einer Erzählung über Jeremias Bestrafung in 3. Person (20,1) verbunden und erhielt eine spätere predigtähnliche Einfügung der Redaktion. Im Anschluss an W. Thiel vgl. A. Graupner, Auftrag 27ff u. a.

11 Die Befolgung gilt (wie etwa Jer 16) als selbstverständlich. Statt eines Berichts von der Ausführung sind hier Augenzeugen genannt; sie sind außerdem wegen des kurzen Zeitraums des Geschehens wichtig. Zwei »zuverlässige Zeugen« führt Jes 8,2 an.

12 Vgl. etwa Ps 103,11.13; Jes 55,(9.)10f.

Jer 13 (V. 1–9) Der verdorbene Schurz

Anders als das kurzfristige Ereignis Jer 19 erstreckt sich der Vorgang mit »Leinen-Schurz« Jer 13 (V. 1) über längere Zeit.[13] Die Zukunftsansage ist aber formal wie sachlich ähnlich. Bild- und Sachhälfte sind in 19 (V. 10f) durch »zerbrechen«, in 13 (7.9) durch »verderben« verbunden. Der Krug (19,11) kann »nicht wieder ganz werden«, der Schurz (13,7) ist »zu nichts mehr zu gebrauchen«.[14] Hier (V. 9) wird jedoch mit dem Hinweis auf »Hochmut« oder »Stolz« eine Begründung angedeutet:

> »*So* werde ich den Stolz Judas und den großen Stolz Jerusalems verderben.«

In Jeremias Symbolhandlungen »bewirkt« er nicht die (unheilvolle) Zukunft.

Dieser Sachverhalt fügt sich zu anderen Mitteilungen:

1. Er fühlt sich solidarisch, nimmt Anteil, hat Mit-Leid mit seinem Volk (8,21).
2. Er hat »nicht zum Unheil gedrängt« (17,16); Fürbitte geübt (18,20).[15]
3. Sein Wunsch 28,6 stimmt nicht mit seiner Botschaft (27,11; 28,14) überein: So vermag er Gottes und seinen eigenen Willen zu unterscheiden.
4. Nach der Katastrophe zeigt er sich in seinem Verhalten solidarisch: Er »*blieb* inmitten des Volkes«: 39,(10.)14; 40,6.

Jer 27f Das hölzerne bzw. eiserne Joch 27 (V. 2–4.11) – 28 (V. 2–4.5-11.12-17)

In Kap. 27–28 lassen sich wahrscheinlich verschiedene Stufen des Wachstums erkennen:

I. Jer 27 (V. 2–4.11): Jeremias Symbolhandlung im Ich-Bericht
Die V. 27,2–4 enthalten einen zweiteiligen Auftrag zur Symbolhandlung:
V. 2 Herstellung und Tragen des Jochs – öffentlich; als Bild schon 2,20
V. 3 Sendung der Botschaft an die Könige der Nachbarstaaten
V. 4 Befehl zur Beauftragung der Boten

13 Der Name *prat* meint ursprünglich wohl eine Quelle bei Anatot, erst später nach der Katastrophe den Euphrat (vgl. ATD 20, 251 mit Lit.).

14 Der Zustand lässt an die ungenießbar schlechten Feigen (24,2f.8) denken.

15 Vgl. bei (üblicher) Textänderung 15,11. Zur Fürbitte vgl. Gen 20,7; Am 7,2.5; das *Verbot* Jer 14,11; 15,1.

V. 11 Inhalt der Botschaft und zugleich Deutewort der Symbolhandlung: Aufruf zur Unterwerfung unter Babel (sachlich entsprechend im eher redaktionellen Teil V. 12)

II. Jer 28: Er-Bericht als Ergänzung, Infragestellung und Bewahrheitung von Jeremias Botschaft

Hananjas Gegenaktion (V. 1ff), Jeremias Wunsch (V. 6 mit Rede von Gott in 3.Person; nicht prophetisch wie 27,11 als Gottes »Ich«-Wort), möglicherweise auch Regung seiner Anfechtung (28,11) und Jeremias – seiner Botschaft entsprechenden – Reaktion (V. 12–14).

Das »eiserne« Joch (V. 14) ist wohl nicht härter, aber unzerbrechlich, so gewiss.

Anklage, Gerichtsansage (V. 15f) und Tod Hananjas (V. 17)

III. Redaktion mit thematischen Erweiterungen

27,5–10 Bekenntnis zum *Schöpfer,* Nebukadnezzar (27,6; 25,9; 43,10) sein »Knecht«

27,9 f.14f; 29,8f Allgemeine Warnung vor *Propheten*[16]

Das Prophetengesetz Dtn 18,9–22 ist, wie die Doppelung V. 15.18 zeigt, zweiteilig (V. 9–15.16-22). Im zweiten späteren Teil finden sich Parallelen zu Jer 28.

Das Kriterium Dtn 18,22 wird Jer 28,8f für Jeremia eher zurückgewiesen (obwohl der geschichtliche Verlauf ihm Recht gibt).

Dem Propheten, der nicht in Jahwes Auftrag oder im Namen anderer Götter redet, wird nicht die Todesstrafe (Dtn 13,6), sondern Hananjas Schicksal entsprechend (18,20; vgl. Jer 28,15f) der Tod angedroht.

So war Jer 28 wohl ein Vorbild für die Ausgestaltung des Prophetengesetzes Dtn 18,16ff.[17]

Vermutlich waren Kap. 27–29 wegen sprachlicher Besonderheiten eine Zeit lang als selbständige Schrift gegen die Propheten ausgegliedert.

Über die Vision 1,13f sowie die zuvor genannten Gleichnishandlungen (Kap. 13; 16; 18; 19) geht Jeremia in seiner symbolischen Handlung mit dem *Joch* (27,11) in dreifacher Hinsicht hinaus, als er

16 Besteht der Gegensatz noch im Exil? Vgl. das Kapitel zur Auseinandersetzung mit den Heilspropheten.

17 Vgl. ausführlicher FS C. H. W.Brekelmans, 55–69.

a) zum einen Babel nennt[18],
b) zum andern Nachbarvölker, die von dem künftigen Geschehen, dem Aufstieg der neuen Großmacht, gleich oder ähnlich betroffen sind, durch Abgeordnete einbezieht
c) und – wie schon mit der Aufforderung zur Flucht (4,5f; 6,1) – im Fall der Unterwerfung unter diese Fremdmacht, d. h. des Sich- Fügens in Gottes Geschick – *Lebensbewahrung* anbietet.

So ruft Jeremia nicht zur Abwehr drohender Zukunft, zu Umkehr oder Buße[19], auf, sondern zum *Sich-Einstellen* auf das von Gott beschlossene Geschick, zu einem Verhalten *innerhalb* der vom Propheten angesagten Zukunft, wie auch mit seinem letzten Wort (38,17f) vor der Katastrophe.

Jer 16 (V. 1–4a.5-9) Zeichenhafte Lebensweise

Die härteste Symbolhandlung betrifft Jeremia selbst. Schon Hosea (1,4.6.9) und Jesaja (7,3; 8,3f) können durch die Namengebung ihre Familie einbeziehen.

Der an Jeremia ergehende dreigliedrige Auftrag bedeutet einen tiefen Einschnitt in seinen persönlichen Bereich: keine Familie zu gründen, kein Beileid zu bezeugen und festliche Geselligkeit zu meiden.[20] Diese Symbolhandlung, mit der Jeremia als einzelner die allen drohende Zukunft zeichenhaft vorabbildet, ist keine zeitlich begrenzte Aktion, sondern bestimmt sein ganzes Leben.

Die unmittelbar danebenstehende Konfession unter dem Druck »deiner Hand allein« (15,17) bestätigt wie ein Echo die Vereinsamung. Die Mitte der Symbolhandlung formuliert in Gottes Ich-Rede ein ungemein hartes Gotteswort, das wohl den Symbolnamen von Hoseas Tochter »Ohne Erbarmen« mit dem Deutewort »Ich werde mich des Hauses Israel nicht mehr erbarmen« (1,6) aufgreift und auf das Südreich überträgt:

> »Ich habe diesem Volk mein Heil entzogen, …
> die Güte und das Erbarmen.«[21]

---

18 Vgl. im Er-Bericht 20,6.
19 Vgl. demgegenüber redaktionelle Ergänzungen wie 18,7ff; 26,3; 36,3.7 u. a.
20 Vgl. Ez 24,15ff. Vgl. Jer 1,6 »(zu) jung«. Jer 16,4b (vgl 8,2; wohl dem Zustand bei der Katastrophe entsprechend) und V. 10–13 sind Zusatz.
21 Jer 16,5; vgl. 6,14.30; 7,29 u. a. So wirken die Beziehungen zu Hosea über Jeremias Frühzeit hinaus.

Allerdings ergeht dieses Wort mit einer Einschränkung (16,2 f.9): »an diesem Ort«, lässt so Raum für die im Brief (29,5–7) ausgesprochene Heilszusage an die Exulanten.[22]

22 Zu ihm und zum Ackerkauf, der symbolhaft wird, Jer 32 vgl. Heilsverheißungen für das Süd-reich.

IX. Auseinandersetzung mit den sog. Heilspropheten

Einige Hinweise auf die Vorgeschichte mögen in die im Jeremiabuch (23,9ff; 27f u. a.) breiten Raum einnehmende Auseinandersetzung einführen.

Elia/Elija muss sich (nach der Überlieferung 1 Kön 18; vgl. 2 Kön 1) mit Baal-Propheten auseinandersetzen.

In der – schwer datierbaren – Erzählung 1 Kön 22[1] stehen sich der eine Micha ben Jimla und eine Vielzahl von Jahwe-Propheten gegenüber; hier kündigt sich innerhalb der Jahwe-Prophetie das Gegenüber zwischen dem Einzelpropheten und der Gruppe an oder stellt sich dar.

Nach Jer 29,26 ist ein »Priester bestellt, um Aufseher[2] im Haus Jahwes zu sein über jeden Verrückten[3] und als Prophet Auftretenden«. Ein Priester handelt nach der Erzählung (20,1f) entsprechend, lässt Jeremia hart bestrafen. Anscheinend gab es am Hof oder Tempel Propheten, die dem (Ober-)Priester untergeordnet waren.[4]

Wie jener Micha ben Jimla (1 Kön 22,19ff) maßt sich der »Schriftprophet« Micha an, über andere Propheten zu urteilen. Er nimmt damit ein wichtiges Thema des Jeremiabuchs vorweg.

Micha (3,5–8) grenzt sich scharf von Propheten ab und kündigt ihnen das Ende des Offenbarungsempfangs an:

»So spricht Jahwe gegen die Propheten,
die mein Volk irreführen ...
Darum wird es Nacht für euch werden ohne Gesicht
und ›Finsternis‹ für euch ohne Wahrsagung.

---

1 Vgl. zu beiden Überlieferungen W.Thiel, Könige 2. 1 Kön 17–22,54: BK IX/2, 2019 (Lit.).

2 Im Hebräischen Plural; vgl. HALAT 904; Ges[18] 1073.

3 Das hebräische Wort, als »meschugge« im Deutschen nachklingend, meint »rasend, verzückt«; vgl. vom Propheten 2 Kön 9,11; Hos 9,7.

4 Vgl. Angaben, die ein Zugehörigkeits- oder Abhängigkeitsverhältnis andeuten, wie »der Seher Davids« 2 Sam 24,11; »seine (deine) Propheten« 1 Kön 22,5ff.23; auch 18,19f; die Meldung des Geschehens an den Hof Am 7,10f.

> Die Sonne wird über den Propheten untergehen
> und der Tag sich über ihnen verfinstern ...
> denn es gibt keine Antwort Gottes (mehr).«

Micha beansprucht, ein tieferes, verlässlicheres Wissen von der Zukunft zu haben. In seinem Urteil über Priester und Prophet[5] nimmt auch Jeremia wahr, was anderen noch verborgen ist:

> »Den Bruch meines Volkes heilen sie leichthin,
> indem sie sagen: ›Heil, Heil‹ und ist doch kein Heil.«[6]

Der »Bruch« im Volk heißt ein Zustand ohne Heil, d.h.: nicht mehr Heil.[7] Die sog. Schalom- oder Heilspropheten nehmen grundsätzlich wohl die in der Gegenwart ungebrochene Geltung der – im Pentateuch bewahrten oder mit dem Zion verbundenen – Glaubenstradition an, so mit der Gottesgemeinschaft das Heil des Volkes. Es ist als »heilig für Jahwe« (2,3) schwer antastbar. Darum können sich die Propheten eine so radikale Anklage und Unheilsansage nicht denken. Ihnen gegenüber stellt Jeremia die Frage (23,23): Kann der nahe, zugewandte Gott – nicht auch oder vielmehr – ein »Gott aus der Ferne« sein?

Dass Gottes Wirken die Lebenserfahrungen mit Hellem und Dunklem umgreift, ist wohl altes Glaubenswissen; dass er aber auch gegenüber seinem Volk (wie 1,14: »über alle Bewohner des Landes«) Unheil senden kann, Freiheit auch gegenüber der Zusage der Gemeinschaft mit seinem Volk hat, ist wohl erst die – keineswegs selbstverständliche – Einsicht der sog. Schriftpropheten.[8] Diese Unterscheidung hat erhebliche Bedeutung für die Auslegung; sie darf Jeremias Einsicht in ihrer Tiefe nicht bei seinen (prophetischen) Gegnern erwarten.

Für Jeremia selbst ist das *Wort* nicht immer »zuhanden«, gleichsam nicht »vorrätig«; erst recht kann er das Ergehen des Wortes nicht herbeiführen, »es ereignet sich«[9]. Obwohl ihm Gottes »Worte in den Mund gelegt« (1,9; 5,14) sind,

5 Vgl. gegen Priester und Prophet auch Jes 9,13f; 28,7ff.

6 Jer 6,14; leicht abgewandelt 8,11; vgl. 4,10; 8,15; 23,16f; Ez 13,10.16. Später wird Jeremia (38,4) vorgeworfen: »Er sucht für dieses Volk nicht das Heil.«

7 In der Überlieferung findet sich die Auseinandersetzung mit den (Heils-)Propheten von früh an (2,8; 5,13.30f; 6,14; 8,11ff; 23,16ff; 28 u.a.). Jer 5,13 scheint noch zwischen Zukunft und Gegenwart zu unterscheiden: Wahrheitseinsicht wird schon beansprucht, nämlich die Vollmacht der anderen oder der Offenbarungscharakter ihrer Worte bestritten; die Bewahrheitung steht aber noch aus.

8 Die sog. Kult- oder Heilspropheten konnten wohl einzelnen (vgl. Mi 3,5) oder Gruppen, aber kaum dem Volksganzen Unheil ansagen – mit den Worten von Mi 3,8 »Jakob seine Sünde, Israel seine Verfehlung vorhalten«.

9 Jer 1,4 u.ö.; vgl. o. zu Jer 1.

gibt es Szenen, in denen er aktuell auf Gottes Wort warten[10] muss. »Fanden sich Worte von dir, so verschlang ich sie« äußert Jeremia[11]. Entsprechend kann der letzte König, Zedekia, der Jeremia um Fürbitte ersucht, fragen (37,3.17): »Gibt es ein Wort von Jahwe?« Die Bedeutung des Wortes kann (23,28f) eigens bildhaft-ausdrücklich werden.[12]

Nach der Darstellung der direkten Begegnung mit Hananja (Kap. 27f) redet Jeremia in der – vorläufigen – Zustimmung zu dessen Hoffnung (28,5f) statt wie ein Prophet von Gott in erster, vielmehr als Mensch in dritter Person »Amen/Fürwahr, so möge Jahwe handeln« und »geht seines Wegs« (V. 11), bis sich wieder »das Wort« (V. 12f mit Gottes »Ich«) »ereignet«. Bei inhaltlichem Gegensatz treten die beiden »Propheten« mit nach außen gleichen Formen auf: Sie vollziehen beide eine Zeichenhandlung, berufen sich auf dieselbe Autorität »So spricht Jahwe«[13] und künden Kommendes an, das Gott herbeiführt: »Ich werde ...«[14], und zwar ohne Bedingung. Jeweils sind zeitgeschichtlich-politische Stellungnahme und theologische Grundeinstellung verbunden. In der Beurteilung der Situation mit sich widersprechender Auskunft über die Zukunft verbirgt sich eine andere – wie fraglos-selbstverständliche – Grundüberzeugung.[15]

---

10 Bei dem Auftrag, sich zum Töpfer zu begeben, wird zwischen Jetzt und Dann unterschieden (18,2): »Ich will dich dort meine Worte hören lassen.« Eine Zeit des Wartens deutet sich auch 28,6.11; 32,7.8ff; 37,17; 42,4.7 an. Vgl. zu den Konfessionen Anm. 18.

11 Das Bildwort (Jer 15,16) in Verbindung mit dem Auftrag, die Worte in eine Buchrolle zu schreiben (36,2.4.32 mit Wirkung V. 16), gestaltet Ez 2,8ff zu einer Vision von der Buchrolle aus, die zu essen ist.

12 Jes 40,(1f.3–5.)6–8 (konkreter, das »Wie« des Heils erläuternd V. 9–11) nimmt nicht nur Elemente aus Jes 6 (zumal V. 3) auf, sondern zeigt auch Einflüsse von Jeremia: das »Rufen« des Propheten Jes 40,6 (vgl. Jer 2,2; 3,12) und die entscheidende Hervorhebung des »Wortes« Gottes (nach Jer 1,[9.]12; 23,28–29) in Jes 40,8 (später ausgeführt 55,10f); zitiert 1 Petr 1,25.

13 Jer 27,2; 28,13 bzw. 28,2.11.

14 Jer 27,11; 28,2.11.14; vgl. im Prophetengesetz Dtn 18,18 (gegenüber V.15).

15 Dass prophetische Wahrheit zunächst in eine Situation gehört, kann ein Extremfall verdeutlichen. Gegen Ende des Buchs (Jer 50f) wird die Großmacht Babel, der sich die Völker nach Gottes Willen zu unterwerfen haben, in das Gericht einbezogen. *Falls* die Worte, die Jeremias Einsichten widersprechen, auch inhaltlich tief anders sind und eher Hananjas Auffassung (28,3) entsprechen, im Kern bis in Jeremias Zeit zurückreichen, können sie nur von seinen prophetischen Gegnern, den sog. Heilspropheten, stammen; ihre Botschaft wurde zu seinen Lebzeiten durch den geschichtlichen Verlauf, die Katastrophe, als »unwahr/falsch« erwiesen (vgl. 28,9). Etliche Jahrzehnte später (vgl. 25,12.14; 27,7) bekommen ihre unzeitgemäßen und wirklichkeitsfremden Ankündigungen ein anderes Gewicht, werden dann gleichsam zeitgemäß, in einer neuen Weltlage durch das Ende babylonischer Vorherrschaft »bestätigt«. So können sie die Jeremia-Überlieferung, in der jene jetzt untergehende oder untergegangene Großmacht eine so erhebliche Rolle spielt, beschließen; durch Einordnung in das Buch gehören sie gleichsam zur Nach- oder Wirkungsgeschichte. Allerdings werden sie dadurch in Jeremias Situation nicht zu »wahren« Aussagen (vgl. die Frage 37,19), sondern verführen zu realitätsfernen Hoffnungen und einer falschen Haltung mit schrecklichen Folgen.

Wenn Propheten mit gegensätzlichen Aussagen auftreten, sich dabei auf Offenbarung mit dem Anspruch auf Wahrheit berufen, ist zur Orientierung das Problem kritischer Scheidung der Geister (vgl. 1 Kor 12,10) nicht zu umgehen.

Das Alte Testament nennt verschiedene, aber kaum allgemein einleuchtende *Kriterien* für die Unterscheidung zwischen »wahrer« und sog. »falscher« Prophetie, wie die Lebensführung (Jer 6,13; 8,10; 23,10f.13f; 29,23; vgl. Mi 3,5; auch Matth 7,16), die Annahme von Bezahlung, so – eher indirekt – den Vorwurf der Bestechlichkeit (Mi 3,5.11; Jer 6,13; Ez 13,19), die Selbstverteidigung des Propheten durch Verweis auf seine Berufung durch Gott (Am 7,14f; Jer 26,12 u.a.), die Bestreitung der Vollmacht des Gegners (23,16.21; vgl. Mi 3,6f), die Kontinuität prophetischer Tradition (28,8) bzw. die Analogie (26,17ff) oder die Art bzw. das Medium des Offenbarungsempfangs: Wort gegen Traum (23,28) bzw. gegen »Geist« (5,12–14).

Erst recht weicht der Verweis auf die *Erfüllung* prophetischer Zukunftsansage (1 Kön 22,28; Jer 28,9; Dtn 18,20ff; vgl. Num 23,19; 1 Sam 9,6 u.a.) aus der Entscheidungssituation aus und ist höchstens in der Rückschau – eingeschränkt – brauchbar. Die Kennzeichnung »falsche Prophetie«, die zeitlichen Abstand von der Situation voraussetzt, kennt erst die griechische Übersetzung (LXX).[16]

Zwar gibt es kein objektives Wahrheitskriterium, jedoch auch von außen erkennbare Eigenarten, insofern Unterscheidungsmerkmale der Verkündigung des sog. Schriftpropheten:

a) das höchst subjektive Kennzeichen, dass er mit seiner Person für seine Verkündigung eintreten und leiden muss; den äußeren Auseinandersetzungen entsprechen innere Anfechtungen,
b) der Widerspruch gegen die Tradition und die Auffassung der Zeitgenossen, so gegen den Zeitgeist mit seinen falschen Hoffnungen.

Nach der tieferen Sicht des Schriftpropheten, zumal Jeremias, lässt sich Heil weder einfach – als weiter bestehend – voraussetzen noch wiederherstellen, vielmehr erst nach dem Gericht neu empfangen, vollzieht sich erst durch Unheil hindurch.[17] Bildhaft gesprochen: Ostern ist nicht ohne Karfreitag.

---

16 Vgl. aber Aussagen wie Jer 14,14; 23,32.

17 M. Buber (Werke II, 1964, 946f) sieht in Jeremias Gegenspieler Hananja nur einen »Papagei Jesajas«. Diese Auffassung übersieht allerdings die tiefe Jesaja (1,21–26; vgl. 11,1 u.a.) mit Jeremia verbindende Gemeinsamkeit in der Einsicht: Heil erst in oder nach dem Gericht.

Noch in der Situation der Anfechtung, vor »Erfüllung« der Zukunftsansagen, lässt Jeremia »alle Worte« (36,2.32) aufschreiben; sie haben (noch) Zukunftsbedeutung und behalten auch nach der Katastrophe Gewicht für das Verständnis der neuen Lebenssituation.

Kurz: Die sog. Schriftpropheten stellen – in einer Art Selbst-Kritik des Glaubens – mehr von der Glaubenstradition in Frage, erkennen so die Situation schärfer und können darum im Rückblick zum Wahrheitserweis des Glaubens werden.

In der Rückschau aus exilisch-nachexilischer Situation scheint Klgl 2,14 noch einmal zu der Auseinandersetzung Stellung zu nehmen:

»Deine Propheten erschauten dir Lug und Trug (Tünche)
und deckten deine Schuld nicht auf,
um dein Geschick zu wenden.
Sie erschauten dir Sprüche der Lüge und Verführung.«

X. Heilsverheißungen für das Nordreich Israel (Jer 3,12f; 31,2–5.15-20)

Das *Nordreich* Israel – mit dem Kernland Ephraim (Jer 31,9.18) – ging 722 v. Chr. unter.[1] Dennoch wird die Heilsverheißung des Propheten Hosea:

> »Wie sollte ich dich preisgeben, Ephraim?«[2]

weitergetragen. Jeremia und auch seine Überlieferung können sie aufgreifen, sich den Verheißungen anschließen:

> »Ist (nicht) Ephraim mir ein geliebter Sohn ...?
> Sooft ich von ihm rede, muss ich immerzu an ihn denken ...
> Mein Inneres bewegt sich deshalb ihm entgegen.
> Ich muss mich seiner erbarmen – Spruch Jahwes.« (Jer 31,20)
> »Mit ewiger Liebe habe ich dich geliebt.« (31,3)

Dem bei Hosea bezeugten Wort Jahwes:

> »Als Israel jung war, gewann ich es lieb«[3]

thematisch entsprechend beginnt die Sammlung von Jeremias Verkündigung überhaupt (Jer 2,2) in Gottes Ich-Rede mit dem »Gedenken« an die Frühzeit:

> »Ich gedenke dir (zugute) der Zuneigung deiner Jugendzeit,
> der Liebe deiner Brautzeit.«

---

1 Vgl. 2 Kön 17,5 f.

2 Hos 11,8f; vgl. 2,16f; 14,5; auch 9,10.

3 Hos 11,1; vgl. 2,17 (»wie in den Tagen ihrer Jugend«). Zum geschichtlichen Rückblick vgl. den Abschnitt zu den Redeformen.

Gottes Rückblick in die Anfänge, in die noch heilvolle Vergangenheit, erscheint als grundlegende Voraussetzung. Kontrastvoll hebt sich von ihm mit dem Wechsel der Anrede in den Plural (2,5ff) die klagende Anklage ab: »Was fanden eure Väter Unrechtes an mir ...?«

Nach der Überschrift mit dem Auftrag »Geh und rufe vor den Ohren Jerusalems« (2,2) richtet sich Kap. 2 an das Südreich.[4] Hauptthema ist der Einsatz für die Ausschließlichkeit des Glaubens. Das bereits (2,19) angeklungene Motiv der »Abkehr« oder »Treulosigkeit« nimmt Kap. 3 in zwei Abschnitten verschärft auf: »Hurerei«[5] umfasst auch die Hinwendung zu fremden Gottheiten. Zunächst hält die Anklage 3,1–5 vor Augen: Eine Rückkehr zu Jahwe ist nach dem – für diesen Fall zugespitzten – Eherecht[6] ausgeschlossen. Es folgt ein prosaischer Abschnitt 3,6–10.11 mit dem Vergleich der beiden Schwestern, von Nordreich Israel und Südreich Juda, zugunsten des Nordreichs: »Die Abtrünnige, Israel, erwies sich gerechter als die Treulose, Juda.«

Die sich anschließende ausdrückliche Wendung an das Nordreich Israel hat mit dem Auftrag »Geh und rufe gen Norden« (3,12aα) eine eigene Überschrift.[7] Sie entspricht Jeremias persönlicher Situation: Aus Anatot in Benjamin nahe der Grenze zum Nordreich[8] soll er von Süden her rufen:

a) *Mahnung:*
»Kehre um, du Abtrünnige Israel, – Spruch Jahwes –
b) *Unbedingte Verheißung:*
ich blicke nicht (mehr) ungnädig auf euch
(wörtlich: lasse mein Angesicht nicht fallen);
c) *Begründung:*
denn gnädig bin ich, – Spruch Jahwes –
trage nicht ewig nach.

4 Schon etwa ein Jahrhundert vor Jeremia übertrug der Prophet Micha (3,1.8f) den Namen »Israel«, an den sich die Heilstradition mit der Herausführung aus Ägypten knüpft, auf das Südreich (vgl. 3,12). Zudem weisen Jer 2,16.18.36 eindeutig auf die politische Situation des Südreichs Juda (2,28). Vgl. die ausführlichere Begründung ATD 20, 80f (auch 69ff zu Jer 2,1–9).

5 Jer 3,2f.6.9; vgl. 2,8.23; 3,20.

6 Vgl. Dtn 24,1–4.

7 Die Abschnitte sind aufeinander bezogen: Der Auftrag zu »rufen« (2,2 in Jerusalem) führt – über »nicht nachtragen« (3,5.12) und den Vergleich beider Angeklagten mit dem Urteil vom Vorzug des Nordreichs (3,11) – zum »Rufen« (3,12 gen Norden).

8 Jer 1,1; dazu 32,7; vgl. die Skizze zur Person.

d) *Folge – mit Konkretisierung des Umkehr- oder Bußrufs:*
Nur erkenne deine Schuld,
dass du dich auflehntest gegen Jahwe, deinen Gott,
und an die Fremden deine Wege (deine Liebe[9]) verschwendetest!«

Das Wort stammt wohl aus Jeremias Frühzeit – vielleicht während der Regierung Josias/Joschijas (vgl. 3,6), dessen Einflussnahme sich bis in den Norden[10] erstreckte. Es wendet sich an die rund ein Jahrhundert zuvor bei der Zerstörung des Nordreichs nicht deportierte, dort verbliebene Bevölkerung.

Das einleitende Verb *(schub)* kann »umkehren« wie »zurückkehren« bedeuten. Sowohl die titelhafte Anrede »Abtrünnige« als auch die abschließende Entfaltung (3,13) »Erkenne deine Schuld!« legen das Verständnis »Umkehr« nahe. Eine dieser gewünschten Schulderkenntnis entsprechende Selbst-Einsicht kommt weitab in der Bitte und Klage 31,18f zum Ausdruck: »Lass mich umkehren! ... Mich reute es.« Insofern kann man dort sachlich eine Weiterführung finden. Jeweils hat erst eine eher später angefügte Textgestalt – kaum von Jeremia selbst, nachträglich – die Bedeutung »Heimkehr«.[11]

Nicht die Erkenntnis oder das Bekenntnis der Schuld wandelt Gottes Zorn; Gott vergibt nicht Reumütigen. Den Zusammenhang sieht die Aussage vielmehr umgekehrt: Gottes Gnade ist hier die Vorbedingung oder grundlegende Voraussetzung für das Verhalten der Angeredeten.[12] Das Heil liegt in Gott selbst. Deutet die Redewendung »nicht ewig trage ich nach« nicht eine Wende in Gott an?[13] Die Mahnung stellt den Menschen also nicht vor die Alternative, zwischen Gut und Böse, Heil und Unheil zu wählen, sondern ermuntert, das Heil anzu-

9 Vgl. Jer 2,20; dazu HALAT 871a; Ges[18] 1046.

10 Vgl. 2 Kön 23,15ff.29f.

11 Vgl. Jer 31,21 im Sinn von »heimkehren«; im näheren Zusammenhang von 3,12 das Thema 3,14–18. Ähnlich wird die Deutung 24,5 aktualisiert in 24,6, oder nach Jeremias Brief an die Exulanten 29,5–7 in 29,10 um die Rückführung erweitert. Vgl. auch 23,7f = 16,14f; 31,8f u. a.

12 »Das zugesagte Heil ist die Voraussetzung, die Begründung für die Bekehrung. Das Mahnwort ist als Einladung eindeutig vom Heilsspruch her bestimmt.« (H. W. Wolff, GSt 144) Die »Begründung der Zusage in V. 12b macht deutlich, daß erst auf dem Boden der gnädigen Zuwendung Jahwes die Aufforderung an Israel, zu ihm zurückzukehren, erwachsen kann. Dass Jahwe sich wieder Israel zuwendet, ist nicht etwa durch einen Wandel in dessen Verhalten bedingt, sondern ... bei ihm selbst zu suchen ... Die ›Umkehr‹ Jahwes geht der Umkehr Israels voraus und macht diese erst möglich. Der Umkehrruf ist somit ganz von der Heilszusage bestimmt und will die Hörer dazu ermuntern, das von Jahwe beschlossene Heil auch wirklich anzunehmen.« (G. Warmuth, Mahnwort 138)

13 Eine Wandlung in Gott ist von Hosea (11,8f) im Gotteswort bezeugt: »Mein Herz kehrt sich gegen mich; ich will meinen glühenden Zorn nicht vollstrecken.«

nehmen, sich auf die Zusage einzulassen. Selbst die Erkenntnis eigener Schuld oder Buße ist erst Folge der Zusage.[14]

Auch die – in späterer Ausgestaltung gebrauchte – Bezeichnung »abtrünnige/treulose Söhne« (3,22; vgl. Jes 1,2f u. a.) legt die Deutung »Umkehr« nahe.

Der *Ruf zur Umkehr oder Buße* mahnt – gegenüber dem Südreich Juda – in *redaktionellen* einzelnen Zusätzen (wie 26,3; 36,3) oder größeren Abschnitten (wie 18,7ff), das Unheil abzuwehren oder zu vermeiden. Die Mahnung oder Warnung wird aber überhört (7,27f; 18,12 u. a.).[15]

In der Nachfolge Hoseas oder der mit ihm verbundenen Tradition: »Kehr um, Israel, zu Jahwe, deinem Gott!«[16] hat der Umkehr- oder Bußruf in Jeremias Wort[17] – an das Nordreich Israel, welches das Gericht erfahren hat oder noch erlebt – eine andere Aufgabe: Er fordert auf, sich auf das Heil einzustimmen.

Jer 3,12 bietet für die allgemein-grundsätzlich ausgesprochene Einsicht in Gottes »Wesen« oder »Eigenschaft«, Gott ist »gnädig«, ein frühes, vielleicht das älteste Beispiel.[18]

»Unheilsweissagungen Jeremias gegen das Nordreich« sind, wie W. Rudolph (228) mit Recht urteilte, »nicht bekannt«.

Wie zu Anfang 2,2 der Ruf an Jerusalem ergeht oder der Vergleich 3,11 mit dem Südreich erfolgt, so bezieht die sich anschließende jüngere Entfaltung 3,14–18 den Zion bzw. Jerusalem ein. Die weiteren Ergänzungen 3,19–4,2.3f greifen 3,22 ein Wort aus der Hoseatradition (14,5) auf, das wiederum entscheidend Gottes Initiative hervorhebt: »Ich heile ihre/eure Abtrünnigkeit.«

Aus dem in Kap. 30f bewahrten – im Laufe der Zeit gewachsenen – sog. *»Trostbüchlein für Ephraim«*[19] seien zwei Züge hervorgehoben, die eine Eigenart

14 Nur so ergibt sich auch kein Widerspruch zu Jeremias mehrfach bildhaft ausgesprochener Einsicht: Israel will und kann – von sich aus – nicht umkehren (2,22; 8,4f; 13,23 u. a.).

15 Vgl. zu Jer 36 bei Anm. 30; auch zu Jer 7 (Anm. 20 u. a.).

16 Hos 14,2ff. Vgl. Th.Naumann, Hoseas Erben. Strukturen der Nachinterpretation im Buch Hosea: BWANT 131, 1991, 140. Vgl. auch Jes 57,18 f.

17 Jer 3,12; vgl. 31,18; auch in Gottes Antwort in der Konfession 15,19.

18 Hosea (11,1.4) spricht von Gottes »Liebe«; vgl. Jer 31,3. Das Alter des Bekenntnisses Ex 34,6 ist umstritten; vgl. H. Irsigler, Gottesbilder I, 294ff; W. H.Schmidt, Theologische Einsichten im Exodusbuch: BThSt 194, 2023, 256ff (Lit.).

19 Der übliche Name der Sammlung Kap. 30f knüpft an den Auftrag »in ein Buch zu schreiben« (30,2) und die Gottesrede »Ich werde sie trösten« (31,13 in dem kaum von Jeremia stammenden Abschnitt 31,10–14) an.

darstellen oder einen Zusammenhang andeuten. Für Jeremias Ausdrucksweise ist kennzeichnend[20] eine Verbindung von passiv-rezeptivem Geschehen-Lassen und eigener Aktivität, Ergriffen-Werden und Ergreifen, Widerfahrnis und Tätig-Sein, ein Vorgang, bei dem der Prophet zugleich Objekt und Subjekt ist:

»Du hast mich betört, Jahwe, und ich ließ mich betören.« (20,7)
»Heile mich, Jahwe, so dass ich heil werde!« (17,14)

Kommt in der sprachlichen Gestaltung der Worte nicht eine theologische Prägung zum Ausdruck?

Diese Eigenart findet sich im Trostbüchlein in verwandter Struktur zweimal. Die Heilszusage 31,4 hat einen ähnlichen Aufbau:

»Nochmals baue ich dich, dass du gebaut wirst, Jungfrau Israel.«

Der den Abschnitt 31,2–5 abschließende Aufruf 31,6 »Lasst uns zum Zion hinaufziehen, zu Jahwe, unserem Gott!« entspricht dem Zug der Pilger trotz der Zerstörung nach Jerusalem.[21] Ist der Vers nach der Katastrophe hinzugefügt worden?

Nach der Klage der Stamm-Mutter 31,15 »Rahel weint um ihre Kinder« wendet sich Ephraim an den, der ahnden, Unheil senden kann, und bittet um eine von Gott ermöglichte, veranlasste oder gewirkte Umkehr. Er möge sie schaffen oder die entsprechende Fähigkeit geben:

»Du hast mich gezüchtigt, so dass ich gezüchtigt wurde ...
Lass mich umkehren, damit ich umkehre!«[22]

Zwischen am ehesten von Jeremia stammenden Worten (31,2–5.15ff) stehen einige weiterführende Aussagen mit dem Aufruf zur *Freude* und der Prägung durch Gottes »Ich« (31,7ff; vgl. V. 13) dem Exilspropheten Deuterojesaja nahe (schon 30,10f). Lässt sich eine Spur verfolgen: Sind sie auf dem Weg dorthin, gehen in diese Richtung, oder sind sie bereits von dort beeinflusst?

---

20 Vgl. 11,18; 17,14; 20,7; 31,4; Gottes Antwort innerhalb der Konfession 15,19; dazu 51,9; 16,21; Klgl 5,21.

21 Jer 41,4ff; vgl. zum Zion: 30,17; 31,12; zur Wallfahrt Ps 122,3f u. a.

22 Jer 31,18. Die Einsicht, dass eine Veränderung des Menschen kaum oder nicht möglich erscheint (Anm. 14), schlägt hier in eine Bitte an Gott um. Ähnlich heißt es in dem an Jeremia selbst gerichteten Gotteswort (15,19): »Wenn du umkehrst, will ich dich umkehren lassen.«

»Kehre zu mir zurück;
denn ich habe dich erlöst!«[23]

Die 3,12 zugesagte Vergebung der Schuld »gnädig bin ich« wird grundlegend für die wirkungsvollste Verheißung des Jeremiabuchs: die Verheißung vom neuen Bund 31,31–34.

23 Jes 44,22; vgl. 48,20; auch Sach 2,14; 9,9f; dazu Jes 55,6f; 56,1; 60,1; Matth 4,17 u.a.

XI. Heilsverheißungen für das Südreich Juda

Die Vision von den beiden Feigenkörben Jer 24,1–5.8

Jeremias bekanntem und viel beachtetem Brief (29,5–7) geht in der Buchfolge eine in dieselbe Situation[1] datierte Vision von zwei Körben mit einerseits sehr guten, andererseits ungenießbar schlechten Feigen voraus. Innerhalb des ausführlichen späteren Prosaberichts hat sich höchstwahrscheinlich eine ältere Überlieferung[2] erhalten:

a) *Visionsbericht mit Einleitung im Ich-Stil V. 1a*
und Entfaltung/Beschreibung V. 2
1a Es ließ Jahwe mich sehen: Siehe, da ›standen‹ zwei Körbe mit Feigen vor dem Tempel Jahwes.
2 Der eine Korb enthielt sehr gute Feigen, wie es die Frühfeigen sind,
der andere Korb sehr schlechte, ungenießbar schlechte.

b) *Frage Gottes und Antwort des Propheten V. 3*
3 Da sprach Jahwe zu mir: »Was siehst du, Jeremia?« Ich sprach: »Feigen!
Die guten Feigen sind sehr gut
und die schlechten sehr schlecht, ungenießbar schlecht.«

---

1 Jer 24,1; 29,1. Nach der ersten Eroberung Jerusalems 597 v.Chr. wurde ein Volksteil mit König Jojachin ins babylonische Exil deportiert (2 Kön 24,10ff, bes. V. 14–16; vgl. Ez 1,2) – zehn Jahre vor dem Untergang der Stadt und der Zerstörung des Tempels 587/6 v.Chr. Der Kreis der von der ersten Wegführung Betroffenen (2 Kön 24,14) blieb sprichwörtlich: »die oberen Zehntausend«.

2 Vgl. zur näheren Begründung im Anschluss an N.Kilpp (Niederreißen 21ff) ATD 21, 55ff. Anders H.-J. Stipp, Studien 357ff; Buchrolle 464ff. – Die prophetische Botschaft bleibt für die Redaktion über die Situation hinaus gültig: vgl. die Verallgemeinerung von 24,5 in V. (6–)7, ähnlich wie in 29,10–14.

c) *Deutung in zweiteiliger Jahwe-Rede V 4.5.8f.*
4 Da erging das Wort Jahwes an mich:
5 Wie diese guten Feigen so schaue ich die Verbannten Judas[3]
zum Guten an.
8 Aber wie die schlechten Feigen, ungenießbar schlechten[4], so behandle
ich den Rest Jerusalems
9 zum Bösen/Schlechten.

Auf Grund der Frage mit Anrede »Was siehst du, Jeremia?« (wie 1,11) wird der Visionsinhalt in Sprache überführt; an sie knüpft die Deutung an. Sie eröffnet eine Einsicht, die Jeremias bisherige Botschaft (nach 1,13f; 4,6; 13,9 u. a.) weder zurücknimmt noch einschränkt, jedoch über sie hinausführt. Mit der Aufteilung des Volkes auf zwei Gruppen bietet die Vision den Hörern keine Wahlmöglichkeit an, sondern kündet denen, die durch die Verbannung das Gericht schon erlebt haben und es im Exil als noch gegenwärtig erfahren, Heil und den Daheimgebliebenen weiterhin Unheil an.[5] Dabei wird das Heil nicht von Umkehr abhängig gemacht. Erst recht stellen die guten Feigen keineswegs unmittelbar die Exilierten dar; nicht sie, ihre Eigenschaften oder ihr Verhalten, werden »gut« genannt. Vielmehr bestimmt – wie etwa in der Aussage »ich wache« (1,12; vgl. betont 2,21) – Gottes »Ich« den Inhalt; »gut« ist die Zukunft oder das künftige Geschick in Gottes Absicht (24,5): »Ich sehe zum Guten an.« Das »Gute«[6] ist auslegungsfähig und wird entfaltet.

3 In V. 5 ist entsprechend V. 8 (außer der sog. Botenformel: »So spricht Jahwe, der Gott Israels«) Zusatz: »die ich von diesem Ort ins Land der Chaldäer geschickt habe«. Diese Ergänzung ist aus der Situation nach Jeremia, der Exilszeit, sachlich nötig oder angebracht, auch in Jeremias Sinn.

4 In V. 8 ist entsprechend V. 5 (außer der sog. Botenformel »denn so spricht Jahwe«) Zusatz: »Zedekia, den König von Juda, seine Beamten und« ... »die in diesem Land übriggeblieben sind und die sich im Land Ägypten niedergelassen haben«. Auf Grund der geänderten Situation nach der Katastrophe (Jer 42,13ff, bes. 43,5ff; auch 44,12ff) wird eine dritte, nach Ägypten geflüchtete Gruppe genannt. In dem von der Redaktion ausgeformten Vers 24,9 wirkt »zum Bösen« innerhalb der Verbindung »zum Entsetzen/Schrecken für alle Königreiche der Erde« (15,4; 34,17) störend und entspricht (V. 5) »zum Guten«. Vgl. »zum Guten« 24,5; »zum Bösen und nicht zum Guten« Am 9,4; Jer 21,10; 39,16; 44,27.

5 Die Darstellung fügt sich in die Situation ein, wie sie sich bei Hesekiel/Ezechiel (11,1–13) widerspiegelt: Die in Jerusalem Verbliebenen fühlen sich überlegen, als Nicht-Exilierte am besonderen Ort geschützt. Ähnlich richtet sich Jeremias Kritik Kap. 7 gegen mit dem Tempel verbundene Sicherheits-Vorstellungen.

6 Vgl. Jer 29,32; auch 6,16 u. a.

Der Brief an die Exulanten Jer 29 (V. 5–7)

Zu neuem Leben hilft Jeremia nach oder in dem Gericht. Zumindest in Übereinstimmung mit der Vision, wenn nicht durch die Einsicht angeregt, dass Gott die Exilierten, denen das Gericht noch Gegenwart ist, »zum Guten« ansieht, schreibt er einen *Brief* an die Deportierten. Durchweg tritt der Prophet entsprechend dem Auftrag zu »reden« (1,6–9; vgl. 2,1f; 3,12 u. a.) mit mündlichem Wort auf. Dass er selbst *schreibt,* erklärt sich aus der weiten Entfernung, ist außerdem nochmals bei der Unterzeichnung einer Urkunde (32,10) bezeugt. Der Brief kommt »von Jerusalem« (29,1); der Tempel steht noch[7], was für die Reaktion auf den Brief bedeutsam ist.

5 »Baut Häuser und wohnt (in ihnen),
pflanzt Gärten und esst ihre Frucht!
6 Nehmt Frauen und zeugt Söhne und Töchter,
und nehmt für eure Söhne Frauen
und eure Töchter gebt Männern,
– dass sie Söhne und Töchter gebären[8] –,
ihr euch dort mehrt und nicht abnehmt!
7 Suchet das Wohl der Stadt,
in die ich euch weggeführt habe!
Betet für sie zu Jahwe/dem Herrn;
denn ihr Wohl ist auch euer Wohl!«

Jeremia kann in der tief veränderten, bedrückenden Situation affirmativ, tröstend-ermutigend[9] reden. Allerdings bleibt er dabei im Widerspruch zu den Wünschen der Angeredeten, ihren Hoffnungen auf baldige Heimkehr.

Verschiedene Motive oder Intentionen lassen sich im Brief unterscheiden:

a) Mit dem Aufruf, das Leben im Exil zu gestalten, ist er Zuspruch, verbindet das Handeln des einzelnen und das Ergehen der Gruppe. Mit seinen Aufforderungen, die paarweise jeweils ein *Handeln* und dessen *Folge* einander zuordnen, setzt der Brief einen gestörten oder gar zerstörten Zusammenhang wieder als bestehend voraus: Bauen – Wohnen, Pflanzen – Ernten, Familie gründen. Vor dem Hintergrund prophetischer Drohworte, die die Vergeb-

7 Vgl. Anm. 1.
8 Vgl. Anm. 23.
9 Eine Zusage für die Lebenserhaltung gibt schon Elia 1 Kön 17,14; vgl. 2 Kön 4,43.

lichkeit aller Mühe ansagen[10], und wohl eigener Erfahrungen der Exilierten erschließt sich die Einsicht, dass die alltäglichen Lebensvorgänge nicht schlicht selbstverständlich sind, sondern sich in ihnen Segen vollziehen kann oder vollzieht. Setzen sie nicht Frieden voraus? Das entscheidende Stichwort wird ausdrücklich (29,7) genannt:

b) Das Ziel des Briefs geht mit der Ansage solcher Lebensvollzüge zugleich über sie hinaus – letztlich auf *Schalom,* »Wohl« und »Heil«, auch »Friede«. Schon früh wendet Jeremia gegen Priester und Prophet ein: »Es ist *kein Heil!*«[11] Empfiehlt Jeremia im Brief die Gründung einer Familie, so muss er selbst *zeichenhaft* allein bleiben; im Rahmen der in sein Leben tief eingreifenden, ihn vereinsamenden Symbolhandlung (16,2ff) ergeht die – wohl im Anschluss an Hosea (1,6) formulierte – ungemein scharfe Gottesaussage (Jer 16,5): »Ich habe meinen *Schalom*/mein Heil entzogen«, allerdings mit der Einschränkung (V. 2): »an diesem Ort«. So besteht in Jeremias Botschaft kein Widerspruch. Das Heil wird nicht bewahrt, vielmehr neu zugesprochen.

Außerdem ist wohl ein kritischer Aspekt mitzuhören: *Schalom* ist nicht an Jeru-*schalem* gebunden oder gar auf den Ort beschränkt, an dem Schalom der Tradition nach zuhause ist, wo – mit dem Psalmwort (85,11) zu reden – »Gerechtigkeit und Schalom/Friede sich küssen«.[12] Mag für die Hörer und die sog. »Heils«propheten[13] gelten: Schalom gibt es – eigentlich – nur in Jerusalem oder im Land, so gilt für Jeremia: auch weit ab vom Tempel in der Ferne. Hier scheint Jeremia – sachlich – seine in der harten Tempelrede[14] ausgesprochenen Einsichten vorauszusetzen und weiterzuführen.

---

10 Schon Amos (5,11) konnte ankündigen: »Häuser habt ihr gebaut, aber ihr werdet nicht darin wohnen.« Wie die Drohungen Zeph 1,13; auch Jer 6,12 bzw. 8,10; Dtn 28,30.38–41 u.a. zeigen, ist der Zusammenhang von Arbeit und Ertrag nicht ohne weiteres gegeben. Etwa Kriegshandlungen oder Erdbeben (Am 1,1) können alle Erfolge der Arbeit zunichtemachen. Insofern eröffnet Jeremia wieder eine Perspektive: Gutes Handeln hat zu erwartende gute Folgen. Macht diese Hoffnung auf den – zuvor unterbrochenen – Wirkungszusammenhang mit der Ankündigung des Gelingens eigener Mühe nicht erst menschliches Handeln sinnvoll und ermutigt dazu?

11 Jer 6,13f=8,10f; vgl. 2,8; 5,13.30f u.a.; auch 28,9 (verallgemeinert im jüngeren Teil des Prophetengesetzes Dtn 18,21f) mit dem Vorwurf gegen Jeremia Jer 38,4.

12 Vgl. Jes 1,21; Ps 122,6ff u.a.

13 Die nachträglich eingefügte Warnung V. 8f bezieht sich auf Propheten, die Jeremias Heilszusage an die Exulanten ablehnen, seine Einsicht in die Situation mit der ahnungsvollen Gewissheit der Zukunft bestreiten. Sie halten an Voraussetzungen fest, die Jeremia fraglich wurden, verkennen oder verharmlosen so den Ernst der Lage. Vermutlich haben die Auseinandersetzungen einen aktuellen Anlass; vgl. V. 15; dazu o. zu den Heilspropheten.

14 Vgl. Jer 7; 26.

Gottes Anwesenheit bzw. Wirken wird als entgrenzt wahrgenommen; er ist für Betende auch am fernen Ort[15] gegenwärtig – unter fremder Herrschaft und ohne Heiligtum.[16]

Wohl oder Heil vollzieht sich – sachlich in Entsprechung zu Hosea[17] – nicht in Staat, Königtum oder Tempel; es wird nicht die Wiederherstellung nationaler Größe zugesagt, sondern schlichtes Leben oder schlicht das Leben im gewährten Lebensraum. Über den Genuss des Ertrags eigener Arbeit hinaus greift die Aufforderung zur Familiengründung weit in die Zukunft. Erfahrbares und die Erfahrung Übersteigendes, Hoffnung und Vertrauen, »Diesseits« und »Jenseits«, »Immanentes« und »Transzendentes« sind verbunden.

c) Der Brief enthält noch eine Steigerung. Gottes Zuwendung erfolgt nicht nur im fremden Land, sondern auch für das fremde Land: Die Mahnungen zum »Wohlergehen« enden in der *Fürbitte* für die Bedrücker. »Suchet das Wohl der Stadt, in die ich euch weggeführt habe!« versteht einerseits das Schicksal als Geschick[18], fordert andererseits auf: »Betet für sie zu Jahwe/dem Herrn!« mit der abschließenden Begründung: Das eigene Wohl ist – nicht unmittelbar, gleichsam auf einem Umweg erreichbar – Teilnahme am Wohl des fremden Landes.

Jeremia hat *Fürbitte* mit einem Einsatz für die Feinde[19] geübt, allerdings ein Verbot (14,11; 15,1) erhalten. Es ergeht, damit der Prophet Gott nicht mehr in den Arm fällt.[20] Es hat sich durch die Erfahrung des Gerichts erübrigt. Darum kann Jeremia, als er den Exilierten Hoffnung zuspricht, seine Mahnungen zum »Wohlergehen« eben in der Fürbitte für die Bedrücker

15 Nach einem Zitat aus späterer Situation wussten sich die Exilierten selbst nicht nur fern der Heimat, sondern konnten sich »fern von Jahwe/dem Herrn« fühlen (Ez 11,15; vgl. Ps 137,4; Jes 40,27).

16 Schalom soll »im ungesicherten Dasein in der Fremde unter fremder Obrigkeit und ohne heiligen Ort möglich sein«; die Exilierten, »von der politischen Souveränität gelöst«, sollen »um das Wohl derer bemüht« sein, »die sie in Gefangenschaft halten« (C. Westermann, Der Frieden (shalom) im Alten Testament: Forschung am Alten Testament. GSt II. TB 55, 1974, 196–229, bes. 222). Vgl. A. H. J.Gunneweg, Heil im Gericht (1976): Sola Scriptura [I], 1983, 107–115.

17 Vgl. Hos 3,4 (»ohne König …«); vgl. 2,16f bzw. 2,14f u. a.

18 Der vorliegende Briefkopf erinnert ausdrücklich an das Gericht, unter dem die Adressaten in ihrer Situation zu leiden haben (29,4 in Übereinstimmung mit V. 7; 1,14; 4,6; 13,9 u. a.).

19 Jer 18,20; vgl. 17,16; bei (üblicher) Textänderung 15,11; auch Gen 20,7; Moses Fürbitte für den Pharao Ex 8,4ff.21.24ff u. a.; dazu o. zu den Redeformen.

20 So wird das angekündigte Gericht nicht aufgehoben – wie in Amos' erstem Visionspaar 7,1–6 gegenüber dem folgenden Paar (7,8; 8,2); vgl. auch die Möglichkeit des Propheten Gen 20,7.

enden lassen.[21] Mit der Einsicht »Ihr Wohl ist euer Wohl« (29,7) wird eine Grenze aufgebrochen, in und trotz Gegensätzen eine Gemeinsamkeit aufgedeckt. Demnach soll die Gemeinde im Exil nicht auf Abwehr ausgerichtet sein, sondern zumindest in der Fürbitte Grenzen aufbrechen und überwinden. Erst recht fehlen hier Hassgefühle oder Rachegelüste; statt um ein Gegen- oder Nebeneinander geht es um ein Miteinander.

Den konkreten, situationsbezogenen Aufruf V. 5–7 legen V. 10–14 unter den Begriffen *»Zukunft und Hoffnung«* (V. 11; vgl. 31,17; Spr 23,17f) verallgemeinernd, grundsätzlicher aus. Ist der erste Briefteil durch Parallelität der Glieder ausgezeichnet und rhythmisch gefügt, so wirkt die Sprache hier theologisch reflektierter: Die Mahnung zur Fürbitte für das Wohl des feindlichen Landes (V. 7) wird als Zusage der Gebetserhörung weitergeführt (V. 12). Statt vom fremden und so eigenen »Heil« ist von »Gedanken des Heils« zugunsten Israels die Rede.[22]

Die V. 10 genannten »siebzig Jahre« lassen sich schwer genau bestimmen.[23] Da die vorliegende Briefeinleitung an die Situation der im Exil Lebenden ausdrücklich in der Form erinnert: wohin »ich euch weggeführt habe«, gilt es für sie zugleich, ihr Schicksal als Geschick anzunehmen. Wie das Gericht (V. 4.7) so wirkt das künftige Heil Gott selbst, und zwar – nach der angegebenen Zeit – mit Gewissheit (V. 10f). Das Verhalten der Betroffenen (V. 12f) ist im Zusammenhang eher Konsequenz als Voraussetzung göttlicher Zuwendung. In Jeremias Brief (V. 5–7) schaffen die Angesprochenen, von der Zusage der Wende her betrachtet, das Heil nicht, gehen mit ihrem Handeln aber einen Schritt in die verheißene Zukunft.

---

21 H. Weippert (Fern von Jerusalem. Die Exilsethik von Jer 29,5–7: F. Hahn-F./L. Hossfeld/ H. Jorissen/A. Neuwirth (Hg.), Zion – Ort der Begegnung. FS L.Klein. BBB 90, 1993, 127–139, bes. 132) betont stärker: »Indem der Brief Jeremias die Deportierten auffordert, das Wohl der Stadt zu erbitten ... und für sie zu beten ..., überträgt er ihnen das Fürbittenamt, das sonst im Jeremiabuch vom Propheten wahrgenommen wird.«

22 V. 14 setzt mit der Verheißung von Sammlung und Rückführung der Zerstreuten (der Diaspora) »aus *allen* Völkern« eher spätere, nachexilische Verhältnisse voraus. Da ein Großteil des Verses in der LXX fehlt, scheint V. 14 (mit Ausnahme der beiden ersten Worte) am Schluss dieses Briefteils nochmals einen Nachtrag zu bilden.

23 Da es im Rückblick naheliegt, eine genauere Angabe zu treffen, ist die runde Zahl eher eine frühe Ergänzung, vielleicht noch im Exil aufgekommen (W.Thiel, Redaktion II, 17). Auf Grund der V. 10 angegebenen Frist mit Begrenzung des Exils (vgl. drei Generationen 27,7) ist vermutlich die dritte Generation in V. 6, die in der LXX fehlt, ergänzt. Die jetzt Lebenden, die Vertriebenen selbst, sehen ihre Heimat wohl nicht wieder. Jedenfalls hat die Zeitangabe »siebzig« (vgl. 25,11f) eine bedeutende Wirkungsgeschichte; vgl. Sach 1,12; 7,5; Dan 9,2.24.

Diese Zusage wird später im Jesajabuch weitergetragen. Der Brief entwickelt gleichsam eine eigene *Wirkungsgeschichte.* Im Anschluss an die »Gedanken des Heils« wagen die Schlussworte der sog. Deuterojesaja-Komposition (Jes 55,6.8f) wiederum als Gotteswort ähnlich grundsätzlich zu reden: »Meine Gedanken sind nicht eure Gedanken, eure Wege sind nicht meine Wege«, um nicht nur Gottes Transzendenz – Gottes Gedanken sind anders – auszusagen, sondern, von Jer 29 her kommend, zu bezeugen: Gottes Gedanken sind heilvoll.

Wegen seines Briefs wird Jeremia in einem nach Jerusalem zurück gerichteten Brief bei einem amtierenden *hochgestellten Priester* als Aufseher angezeigt (29,24ff). Die Aufforderung »Baut Häuser ...!« enthält für die Angeredeten einen bitteren Beigeschmack. So erfährt auch die Heilsansage keine Zustimmung, steht vielmehr *im Widerspruch zu Wünschen oder Erwartungen* der Angeredeten.[24] Die Wiedergabe von Jeremias Brief (V. 28) fügt etwas hinzu, was bei Jeremia höchstens »zwischen den Zeilen« anklingt: »Es dauert noch lange.«

Darf man verallgemeinern: Das Heil kommt, aber anders als gedacht.

»Suchet der Stadt Bestes!« (so M.Luther), bei Jeremia auf die fremde Macht bezogen, ist zum *Motto* christlicher Sozialethik oder der Diakonie geworden: So dient der alttestamentliche Text als Leitlinie, kann Anregung geben, Anstoß und Ausrichtung sein und auf verschiedene Weise in hilfreiche Aktionen oder Institutionen – in Verantwortung, mit Überlegungen und in Zusammenarbeit – entfaltet werden. Wie wird man dem jeweiligen Anliegen am »besten« gerecht?

Der Ackerkauf Jer 32 (V. 15)

Noch vor der Katastrophe kündigt Jeremia, selbst im Gefängnis, auch Jerusalemern und Judäern mit dem Ackerkauf, der auf Gottes Auftrag (V. 6; vgl. V. 14) erfolgt und zum Zeichen wird, für die Zeit nach oder in dem Gericht nüchtern und verhalten neues Leben an. Gottes »Ich« prägt nicht unmittelbar (wie 18,6; 19,11 u. a.) das Deutewort, wirkt gleichsam im Hintergrund das Geschehen.

---

24 Einen Widerspruch gegen eine Heilszusage bezeugt etwa Jes 53,1 »Wer hat ... geglaubt?« Nach der priesterschriftlichen Darstellung (Ex 6,9.12; vgl. 4,1) begegnet Moses Zusage einer Zurückhaltung der Hörer.

»Man wird in diesem Land wieder
Häuser, Äcker, Weinberge kaufen.« (32,15; vgl. 40,9f)

Allerdings meidet (anders als 4,5 u. a.) das Wort ein »Ihr«, sagt nicht den unmittelbar Anwesenden die Bewahrung im sich bereits anbahnenden Unheil an, bleibt vielmehr *allgemein*. So bietet diese Symbolhandlung ein eindrückliches Beispiel prophetischer Heilsansage noch *vor* der vollen Verwirklichung der angesagten Zukunft.

Das Thema *Lebensbewahrung* im Gericht kehrt in Jeremias Verkündigung auch sonst wieder. Er kann *Einzelpersonen*[25] aus dem das Volk treffenden Unheil ausnehmen, so den Äthiopier Ebed Melech[26] und Baruch.[27]

25 Auch Jeremia selbst wird auf seine Klage eine ermutigende Antwort (15,19ff) zuteil.

26 Jer 39,15–18. Im Gegensatz zu den Landsleuten, den eigenen Beamten (37,11–16; 38,3–6, ihr Schicksal: 52,10), zeigt er gegenüber Jeremia ein einfühlsam-verständnisvolles Verhalten (38,7–13). Die Redaktion interpretiert sein Verhalten als Äußerung des Gottvertrauens (39,18b).

27 Vgl. Jer 45.

XII. Heilsverheißung: Der neue Bund Jer 31,31–34

Auf den Vorwurf »sie haben meinen Bund gebrochen«, der in einem jüngeren Text (11,10) erhoben wird, scheint die Verheißung eines »neuen Bundes« zu antworten. Sie stammt – in diesem Urteil ist sich die Forschung weithin einig – nicht[1] von Jeremia selbst, nimmt, in fünf Sinnabschnitte gegliedert, aber seine kritischen Einsichten auf, um sie in der Erwartung zu überbieten, letztlich aufzuheben:

A) *Überschriftartige Zusammenfassung* V. 31
Siehe, Tage kommen – Spruch Jahwes –,
da schließe ich mit dem Haus Israel und dem Haus Juda einen neuen Bund,

B) *Negative Entfaltung in zwei Teilen:*
Gottes Fürsorge und menschlicher Ungehorsam V. 32
nicht wie der Bund war, den ich mit ihren Vätern zu der Zeit schloss,
als ich sie bei ihrer Hand nahm, um sie aus Ägypten herauszuführen,
weil sie meinen Bund brachen
und ich mich an ihnen als Herr erweisen musste – Spruch Jahwes –,

C) *Positive Entfaltung* V. 33
sondern dies soll der Bund sein, den ich nach jenen Tagen mit dem Haus Israel schließe –
Spruch Jahwes –:
Ich lege meine Tora/Weisung in ihr Inneres und schreibe sie in ihr Herz,
und (so) werde ich ihr Gott sein, und sie werden mein Volk sein.

---

1 Die Nähe der Verheißung zur Sprache des Deuteronomiums ist offenkundig, etwa: »auf deinem Herzen« (Dtn 6,6; 11,18; dazu 30,6.14; vgl. V. 11); auch »Bund brechen« (31,16.20) u.a.

D) *Auswirkung der Tat Gottes* V. 34a
Sie werden einander nicht mehr gegenseitig belehren,
noch ein Bruder den anderen:
Erkennet Jahwe/den Herrn!
Vielmehr werden sie alle mich erkennen,
vom Kleinsten unter ihnen bis zum Größten unter ihnen –
Spruch Jahwes/des Herrn –;

E) *Begründung, Vorbedingung und zugleich bleibender Grund* V. 34b
denn ich werde ihre Schuld vergeben und ihrer Sünde nicht mehr gedenken.

Die Verheißung richtet sich nach der einleitenden Angabe des Themas an das Gesamtvolk.[2] Die Zukunft soll den bisherigen Zustand sprengen, Gegensätze oder Spannungen auflösen:

1. Der kritische Geschichtsrückblick bis zu den Vätern (Jer 2,5; vgl. 9,3f) mit der Gegenüberstellung von Gottes fürsorglicher Zuwendung und unerwartetem Ungehorsam des Volkes »ich – sie aber« (vgl. 2,21) wird hier weitergeführt.
2. Erfüllen die eigentlich zuständigen Mittlerpersonen, wie die Priester[3], nicht ihre Aufgabe, so bedarf es in dieser Erwartung keiner gegenseitigen Belehrung oder Mahnung, ja keiner Vermittlung der Glaubenstradition mehr.[4]
3. Nach prophetischer Einsicht ist die Schuld »eingegraben auf die Tafel ihres Herzens«[5]. Stand die Tora bzw. Weisung auf Tafeln oder in einem Buch[6], so wird sie Gott nun in des Menschen »Inneres legen und auf ihr Herz schreiben«. Dieser verborgene, anderen Personen unzugängliche Bereich[7] ist nicht nur Sitz des Gefühls, des Vernehmens wie der Einsicht, auch des Gewissens, so der inneren Einstellung und Ausrichtung des Menschen und

2 Das Wort gilt kaum nur – dem näheren Kontext 31,18ff und V. 33 (»Haus Israel«) entsprechend – dem Nordreich, bezieht vielmehr (V. 31; vgl. 30,1ff u.a.) beide »Häuser«, so alle, ein.

3 Jer 2,8; vgl. 8,8. Thematisch vgl. die sog. Katechese bzw. Nachkommen-Belehrung Ex 12,26f; Dtn 6,20ff u.a.; dazu Spr 4,3f.

4 »Religiöses Lehren und Lernen wird künftig ... unnötig.« (K. Winsterbusch, Weisung für Israel: FAT 44, 2005, 76)

5 Jer 17,1; vgl. 2,22; 13,23; auch Jes 29,13 u.a.

6 Ex 24,12; 31,18; 34,1.4.28f; Dtn 4,13; 5,22; 10,2.4 bzw. Ex 24,4.7.

7 Das Liebesgebot schließt ein, »deinen Bruder nicht in deinem Herzen (d.h. insgeheim) zu hassen« (Lev 19,17f).

seines Handelns.[8] Das beklagte »Nicht-Erkennen«[9] wird durch Gottes Gabe aufgehoben; Ziel ist die Gotteserkenntnis.[10] An ihr sollen »alle« Anteil haben: »vom Kleinsten bis zum Größten«.[11]

4. Bei dem tiefgreifenden Wandel bleibt der dauernde Grund die Zusage der Vergebung, die Befreiung von der Vergangenheit gewährt und neue Zukunft eröffnet.

Freiwilligkeit bzw. Freiheit und Gehorsam (aus Einsicht) fallen hier ineinander. Eine Übereinstimmung, der Einklang von göttlichem und menschlichem Willen und Handeln, wird erwartet; so ist die Unterscheidung von Heteronomie und Autonomie nicht mehr durchführbar.

Das Alte Testament bezeugt etwa ein »Erneuern« des Königtums (1 Sam 11,14). Der Psalmist (Ps 51,12) bittet:

> »Ein reines Herz schaffe mir, Gott,
> und einen beständigen (festen) Geist erneuere in mir!«

Dagegen kennt das Alte Testament weder die Wendung »alter Bund« noch ein »Erneuern« des »Bundes«[12]. Zur prophetischen Überlieferung gehört allerdings die Erwartung von *»Neuem«;* sie begegnet eher ansatzweise oder beispielhaft auch im Jeremiabuch[13], in einer mehr wie Jer 31,31ff grundsätzlichen Fassung mit der Ankündigung der Gabe »eines neues Herzens und eines neuen Geistes« im Ezechielbuch (36,26) oder mit weit ausgreifenden Erwartungen in jün-

---

8 »Den Bund brechen« wird (Jer 11,10) als Übertretung der Ausschließlichkeit des Glaubens gedeutet; ein entsprechendes Verständnis legt hier »Herr sein/sich als Herr erweisen« nahe. Das Erste Gebot schließt ja eine Ausrichtung des Handelns ein.

9 Jer 8,7; 9,2.5. Vgl. den Aufruf »Erkenne!« 2,19.23; auch 5,1 u.a.

10 In einem Jeremiawort (22,16) heißt es: Dem König obliegt, für das Recht der Armen zu sorgen, bedeutet das nicht: »mich (Gott) erkennen«? In späterer Entfaltung (24,7; zu Kap. 24 vgl. zu den Heilsverheißungen für das Südreich) findet sich die 31,33 sachlich nahe Zusage: »Ich werde ihnen ein Herz geben, mich zu erkennen.«

11 Die Erwartung von Joel 3,1f geht einen Schritt weiter oder expliziert zumindest stärker, indem sie die Ausgießung des Geistes über Söhne und Töchter, Alte und Junge, Knechte und Mägde verheißt und so für das Verhältnis zu Gott nicht nur den Unterschied des Alters, sondern auch des Geschlechts und der sozialen Stellung aufhebt: Ein jeder soll gleichsam »unmittelbar zu Gott« werden.

12 Schon R.v. Ungern-Sternberg (Die Bezeichnungen »Neu« und »Erneuern« im Alten Testament: Redeweisen der Bibel. BSt 54, 1968, 36–61, bes. 42) wies mit Recht darauf hin: Das Alte Testament spricht »nirgends von der ›Erneuerung eines Bundes‹«.

13 »Pflüget ein Neues!« (Jer 4,3; vgl. Hos 10,12) – Gott »wird Neues schaffen: Die Frau umgibt den Mann.« (Jer 31,22; vgl. ATD 21, 138f mit Lit.).

geren Teilen des Jesajabuchs[14]. Wird das Unheil mit menschlichem Vergehen begründet, so schafft das Heil Gott allein.[15]

Die Verheißung wird in einer – schon bei Paulus bezeugten – Form der Abendmahlsworte[16] aufgenommen.

Die Wahrnehmungen und Überlegungen zu Jeremia seien abgeschlossen mit einer allgemeinen durch den Text (31,31ff) angeregten Frage:

Ist die Hoffnung auf Einmütigkeit schon erfüllt?

Mit ihren Anklagen halten die Propheten der Gesellschaft nicht nur einen Spiegel vor.

Sie zeigen mit dem Überstieg über die Gegenwart (oder der Vorwegnahme von Zukunft) auch den Unterschied zwischen dem vorhandenen Zustand und der erhofften – zweifellos menschlicheren, menschenfreundlicheren – Wirklichkeit auf. Gewinnt die Hoffnung so nicht auch einen orientierenden Aspekt?

Zu entsprechenden Erwägungen kann die Völker übergreifende Erwartung führen, Waffen in Ackergeräte zu verwandeln, das Kriegshandwerk »nicht mehr zu lernen« (Jes 2,4 = Mi 4,3). Blickt der Glaube mit einer solchen Verheißung darum nicht nur auf das Alte Testament zurück, sondern mit ihm auch voraus?

---

14 »Denkt nicht an das Frühere ... Siehe, ich wirke Neues!« (Jes 43,18f) »Ich schaffe einen neuen Himmel und eine neue Erde!« (65,17; auch 66,22; dazu 2 Petr 3,13; Apk 21,1).

15 Gegenüber der Anklage (11,10) »sie haben meinen Bund gebrochen« lautet die Bitte an Gott: (14,21) »Brich nicht deinen Bund mit uns!« In diesem Zusammenhang erscheint die Verheißung 31,31ff wie eine Steigerung. Vgl. Gottes Wirken Hos 11,9; 14,4; Jer 24,5; 31,22; Ez 36,26; Jes 43,25 u.v.a.

16 Der Unterschied zeigt sich im Kelchwort. 1 Kor 11,25; Lk 22,20 sind angeregt durch Jer 31,31ff: »der neue Bund in meinem Blut«; vgl. 2 Kor 3; Hebr 8,10–12; 10,16f. Im Anschluss an Ex 24,8 bezeugt die andere Fassung (Mk 14,24; Mt 26,28): »mein Blut des Bundes«. Wird mit der Anknüpfung an Jer 31,31ff das »Neue« betont?

Literatur zum Jeremiabuch – in Auswahl

Kommentare

B. Duhm, Das Buch Jeremia: KHC XI (1901).
P. Volz, Der Prophet Jeremia: KAT X (^{2}1928. Nachdruck 1983).
W. Rudolph, Jeremia: HAT I/12 (1947. ^{3}1968).
A. Weiser, Das Buch Jeremia: ATD 20/21 (1952. ^{8}1981).
G. Wanke, Jeremia: ZBK.AT 20/1–2 (1995. 2003).
G. Fischer, Jeremia 1–2: HThK.AT (2005).
W. H. Schmidt, Das Buch Jeremia: ATD 20 (2008); 21 (2013).
H.-J. Stipp, Jeremia 25–52: HAT I/12.2 (2019).
Chr. M. Maier, Jeremia 1–25: IEKAT (2022).

Monographien und Aufsätze

F. Ahuis, Der klagende Gerichtsprophet (1982).
R. Albertz, Die Exilszeit: BE 7 (2001) 231ff.
H. Barstad/R. G. Kratz (Hg.), Prophecy in the Book of Jeremiah: BZAW 388 (2009).
U. Becker, Die Entstehung der Schriftprophetie: Die unwiderstehliche Wahrheit. FS A.Meinhold. ABG 23 (2006) 3–20.
S. Böhmer, Heimkehr und neuer Bund: GTA 5 (1976).
G. Fischer, Der Prophet wie Mose. Studien zum Jeremiabuch: BZAR 15 (2011). Vgl. RGG^{4} 4 (2001) 414–423.
A. Graupner, Auftrag und Geschick des Propheten Jeremia: BThSt 15 (1991) (=Auftrag).
H.-J. Hermisson, Studien zu Prophetie und Weisheit: FAT 23 (1998) (=Studien).
S. Herrmann, Jeremia – Der Prophet und das Buch: EdF 271 (1990).
Ders. (hg. v. R. Liwak/W.Thiel), Geschichte und Prophetie: BWANT 157 (2002) 191ff.
F.-L. Hossfeld/I.Meyer, Prophet gegen Prophet: BiBe NF 9 (1973).
B. Huwyler, Jeremia und die Völker. Untersuchungen zu den Völkersprüchen in Jer 46–49: FAT 20 (1997).
H. Irsigler, Gottesbilder des Alten Testaments II (2021), 914ff (Lit.) (=Gottesbilder).
H. Janssen, »... es geschah wegen des Zornes JHWHs«: BVB 41 (2020).
J. Jeremias, Das Proprium der alttestamentlichen Prophetie: Hosea und Amos. FAT 13 (1996) 20–33.
Ders., Hoseas Einfluss auf das Jeremiabuch: ebenda 122–141.

Ders., Studien zur Theologie des Alten Testaments: FAT 99 (2015) 267ff.
Ders., Theologie des Alten Testaments: GAT 6 (2015) 171ff.206ff.
Ders., Studien zum Dodekapropheton II (2019) 13ff.
M. Karrer/W. Kraus (Hg.), Die Septuaginta – Texte, Kontexte, Lebenswelten: WUNT 219 (2008) mit Gespräch G. Fischer/H.-J. Stipp 612–653.
N. Kilpp, Niederreißen und Aufbauen: das Verhältnis von Heilsverheißung und Unheilsverkündigung bei Jeremia und im Jeremiabuch: BThSt 13 (1990).
J. Kiss, Die Klage Gottes und des Propheten: WMANT 99 (2003).
S. Köhler, Jeremia – Fürbitter oder Klager?: BZAW 506 (2017) (Lit.) (vgl. ZAW 130, 2018, 321f).
H. Knobloch, Die nachexilische Prophetentheorie des Jeremiabuches: BZAR 12 (2009).
M. Köszeghy, Der Streit um Babel in den Büchern Jesaja und Jeremia: BWANT 173 (2007).
R. G. Kratz, Die Propheten der Bibel. Geschichte und Wirkung (2022).
M. Leuchter, Josiah's Reform and Jeremiah's Scroll: Historical Calamity and Prophetic Response: Sheffield Phoenix Press (2006).
Chr. Levin, Die Verheißung des neuen Bundes in ihrem theologiegeschichtlichen Zusammenhang ausgelegt: FRLANT 137 (1985).
Ders., Das Wort Jahwes an Jeremia: ZThK 101 (2004) 257–280.
R. Liwak, Vierzig Jahre Forschung zum Jeremiabuch: ThR 76 (2011) 131–179.265–295.415–475; ThR 77 (2012) 1–53.
G. Münderlein, Kriterien wahrer und falscher Prophetie (1974. ²1979).
H. Najman/K.Schmid (Hg.), Jeremiah's Scriptures: Supplements to the Journal for the Study of Judaism 173 (2017). Vgl. ZAW 130, 2018, 316–318.
P. H. A. Neumann (Hg.), Das Prophetenverständnis in der deutschsprachigen Forschung seit Heinrich Ewald: WdF 307 (1979).
K.-F. Pohlmann, Studien zum Jeremiabuch: FRLANT 118 (1978).
Ders., Die Ferne Gottes: BZAW 179 (1989).
J. Pschibille, Hat der Löwe erneut gebrüllt? Sprachliche, formale und inhaltliche Gemeinsamkeiten in der Verkündigung Jeremias und Amos': BThSt 41 (2001).
K. Schmid, Buchgestalten des Jeremiabuches: WMANT 72 (1996).
W. H. Schmidt, Vielfalt und Einheit alttestamentlichen Glaubens II (1995) 92ff.
Ders., Das Prophetengesetz Dtn 18,9–22 im Kontext erzählender Literatur: Deuteronomy and Deuteronomic Literature. FS C. H. W.Brekelmans. BEThL CXXXIII (1997) 55–69.
Ders., Der »neue Bund« als Antwort auf Jeremias kritische Einsichten: C.Dohmen/C.Frevel (Hg.), Für immer verbündet. Studien zur Bundestheologie der Bibel. FS L.Hossfeld. SBS 211 (2007) 187–193.
Ders., »Bundesbruch« und »neuer Bund«. Spurensuche nach einem inhaltlichen Zusammenhang innerhalb der Redaktion des Jeremiabuches: Mein Haus wird ein Bethaus für alle Völker genannt werden (Jes 56,7). FS Th.Willi (2007) 127–132.
Ders., Gottes Wirken und Handeln des Menschen: BThSt 147, 2014.
Ders., Das sich ereignende Wort. Widerhall »wahrer« – »falscher« Prophetie im Jeremiabuch: Text – Textgeschichte – Textwirkung: FS S.Kreuzer. AOAT 419 (2014/2015) 111–123.
Ders., Jeremias Verkündigung in ihrer Einheit – Elemente des Zusammenhangs: »Darum, ihr Hirten, hört das Wort des Herrn« (Ez 34,7.9). Fuldaer Studien 21. FS B.Willmes (2017) 97–113.
K. Seybold, Der Prophet Jeremia. Leben und Werk: Urban-Tb 416 (1993).
H.-J. Stipp, Jeremia im Parteienstreit: BBB 82 (1992) (=Parteienstreit).
Ders., Studien zum Jeremiabuch: FAT 96 (2015).
Ders., »Nimm dir eine Buchrolle und schreibe!« (Jer 36,2). Gesammelte Aufsätze zum Jeremiabuch: FRLANT 281 (2021) (=Buchrolle).
W. Thiel, Die deuteronomistische Redaktion von Jeremia 1–25: WMANT 41 (1973) bes. 277ff (=Redaktion I).

Ders., Die deuteronomistische Redaktion von Jeremia 26–45: WMANT 52 (1981) bes. 91ff (= Redaktion II).
H. de Waard, Jeremiah 52 in the Context of the Book of Jeremiah: VT.S 183 (2020).
G. Warmuth, Das Mahnwort: BET 1 (1976).
M. Weippert, Historisches Textbuch zum Alten Testament: GAT 10 (2010).
U. Wendel, Jesaja und Jeremia: BThSt 25 (1995).
C. Wolff, Jeremia im Frühjudentum und Urchristentum: TU 118 (1976).
H. W. Wolff, Das Thema »Umkehr« in der alttestamentlichen Prophetie: Gesammelte Studien zum Alten Testament. TB 22 ([2]1973) 130–150 (= GSt).

Zu den Konfessionen

W. Baumgartner, Die Klagegedichte des Jeremia: BZAW 32 (1917).
H. Bezzel, Die Konfessionen Jeremias: BZAW 378 (2007).
H.-J. Hermisson, Studien 5–36.
F. D. Hubmann, Untersuchungen zu den Konfessionen Jer 11,18–12,6 und Jer 15,10–21: fzb 30 (1978).
Ders., Prophetie an der Grenze: SBAB 57 (2013).
H. Irsigler, Gottesbilder II, 968ff (Lit.).
N. Ittmann, Die Konfessionen Jeremias: WMANT 54 (1981).
W. H. Schmidt, Jeremias Konfessionen: Klage. JBTh 16 (2001) 3–23.

Alttestamentliches Erbe im Überblick

Das Alte Testament hat trotz fremd erscheinender Momente tiefe, gewichtige Nachwirkungen – sowohl theologisch in Bezug auf die Rede von Gott als auch ethisch im zwischenmenschlichen Bereich. Zwar wird der Gottesname JHWH/ Jahwe[1], meist wiedergegeben »der Herr«, nicht übernommen, aber erhebliche, mit ihm verbundene Einsichten.

1.) Die zumal im Ersten Gebot ausgesprochene Ausschließlichkeit des Glaubens Sie begegnet in wechselnder Ausdrucksweise, etwa mit der Bestimmung »allein«[2], und hat vielfältige Auswirkungen. Vor allem wird diese Ausschließlichkeit nicht abstrakt, sondern in der Zuwendung bezeugt. In der Verkündigung des Propheten Hosea (13,4[3]) findet sich das Gebot in besonderer Form, nicht als Forderung, sondern als Aussage:

> »Einen Helfer außer mir gibt es nicht.«

Die Formulierung nimmt später der Exilsprophet Deuterojesaja[4] wörtlich auf. In Jeremias Verkündigung (2,13) wird die Einzigkeit Gottes bildhaft dargestellt als »die Quelle lebendigen Wassers« gegenüber selbst gehauenen »rissigen Zisternen, die das Wasser nicht halten«.

Im *Deuteronomium* wird der – in verschiedener Hinsicht auslegbare – Bekenntnissatz (6,4):

---

1 Etwa Gen 2,4b; 4,26; 28,13; Ex 3,4.7; 6,2 u.v.a. Auf den Namen wird schon in der Zusage »Ich werde mit dir sein« (Ex 3,12) angespielt und diese Deutung anschließend (3,14) verallgemeinert »Ich werde sein, der ich sein werde.«

2 »An dir allein habe ich gesündigt« Ps 51,6; vgl. 71,15f; Jes 2,17; »einer/einzig« Sach 14,9; Mal 2,10; Hi 31,15 u.a.

3 Vgl. Hos 12,10; auch Anklagen wie 1,2; 2,4ff; 3,1; 4,10ff u.a.

4 Jes 43,11; vgl. 44,6; 45,21; auch Dtn 32,12.

»Jahwe/Der Herr ist *einer*«

durch nachträglich vorangestellte Aussagen:

»Jahwe/Der Herr ist Gott, außer ihm keiner« (4,35),
»Gott im Himmel oben wie auf der Erde unten, keiner sonst« (4,39)[5]

ausgelegt und später, im Neuen Testament (Mk 12,32), auch in diesem Sinne verstanden:

»Er ist einer, und kein anderer ist außer ihm.«

Im Kleinen Katechismus legt M. Luther die einzelnen – einschließlich der den zwischenmenschlichen Bereich betreffenden – Gebote mit der Sprache des Alten Testaments jeweils vom Ersten Gebot her aus: Wir sollen Gott »fürchten und lieben«[6], so dass sie als Folge oder Entfaltung erscheinen.

Sachlich entsprechend kann Luther im Großen Katechismus (BSLK 647) erläutern: Glaube ist: »nichts anders ... denn ein Antwort und Bekenntnis der Christen, auf das erst Gepot gestellet«.[7]

5 Diese Aussage-Absicht erscheint zusammen mit Dtn 32,(12.)39 wie ein Rahmen.

6 Im Anschluss an das Deuteronomium: Gott »fürchten« (6,13) und »lieben« (6,5; vgl. 10,12 u. a.). Vgl. S.Kreuzer, Summa totius legis ... Die Dtn-Vorlesung Luthers: KuD 46, 2000, 302–317; zum Thema A.Beutel, Gott fürchten und lieben: ThLZ 121, 1996, 511–524; M.Beintker, Über den Begriff der Liebe zu Gott: ZThK 113, 2016, 59–77.

7 Als weitere Explikation oder Entfaltung des Verhaltens oder Verhältnisses zu Gott erscheint im Dekalog das *Bilderverbot,* dessen Übertretung schon der Prophet Hosea (8,4ff u. a.; vgl. Ex 32) hervorhebt. Im Neuen Testament wird Christus »Bild des unsichtbaren Gottes« (Kol 1,15; vgl. 2 Kor 4,4) genannt. M.Luther hat, mittelalterlichen Beichtbüchern folgend, in seinen Katechismus das Bilderverbot nicht übernommen. Es galt nur als Entfaltung des grundlegenden ersten Gebots. Zudem sind – in der Freiheit des Glaubens – für den Christen Bilder nicht verboten (vgl. TRE VI, 1980, 546–551). Stellt sich in der Kunst(geschichte) aber nicht die Frage: Wie ist Christus darzustellen, etwa als Weltenrichter oder als Gekreuzigter? Letztlich zielt das Bilderverbot (Ex 20,4; vgl. Dtn 4,15ff) auf die *Unterscheidung* von *Gott* und *Welt.* Indem für (diesen) Gott Analogien in der Welt fehlen, bleibt er unvorstellbar; denn Vorstellungen reichen nur so weit, wie es Vergleichbares gibt. Ist das Bilderverbot darum nicht im besonderen Maße ein Anstoß, den Unterschied von Gott und Gottesvorstellungen zu beachten?

Allerdings ist die Bezeichnung »Gebote« missverständlich. Ihnen geht die Zusage »dein Gott« – mit der Erinnerung an Gottes Heilswirken – begründend voraus. Das Alte Testament selbst[8] spricht von »zehn Worten«.

Das zitierte Bekenntnis zur »Einheit« Gottes (Dtn 6,4) wird anschließend umfassend entfaltet: ihn »mit deinem ganzen Herzen (wohl Fühlen, Denken, Sich-Entscheiden[9]), mit deiner ganzen Seele (wohl Ausrichtung, Verlangen) und mit deiner ganzen Kraft lieben« (6,5; vgl. Mt 22,37).

Ähnlich hebt M. Luther das erste Gebot selbst in doppelter Hinsicht hervor:

> »*über alle Dinge* fürchten, lieben und *vertrauen*«.

Wirkt das alttestamentliche Verständnis (Dtn 6,5) nicht auch in F. D. E. Schleiermachers Bestimmung: »das Gefühl schlechthinniger Abhängigkeit« (in der Glaubenslehre, § 3–4, ausdrücklich auf Gott bezogen) nach?[10]

P. Tillich kann eigens zitieren (Dtn 6,4f in Mk 12,29f): »Wir haben den Ausdruck ›letztes Anliegen‹ oder ›was uns unbedingt angeht‹ ohne Erklärung gebraucht. Es ist die abstrakte Übertragung des großen Gebotes: Der Herr, unser Gott, ist ein einiger Gott; und du sollst Gott, deinen Herrn, lieben von ganzem Herzen, von ganzer Seele, von ganzem Gemüte und von allen deinen Kräften (Mark. 12,29).«[11]

2.) Das Erste Gebot enthält ein auf Vertrauen ausgerichtetes Element (vgl. Hos 13,4; Jes 43,11; im Dekalog den Prolog »dein Gott« u. a.). Möchte man trotzdem von einem »Monotheismus« sprechen, so sind verschiedene Arten des Monotheismus zu unterscheiden.

In Echnatons Sonnengesang (Zl. 105–109), der den Hymnus auf den Schöpfer Ps 104 beeinflusste, heißt es:

---

8 Ex 34,28; Dtn 4,13; 10,4. Zum Rang des Dekalogs in der Überlieferung vgl. Ex 20,1.18ff; Dtn 5,22ff.

9 Vgl. ThWAT IV, 427ff; B.Janowski, Anthropologie des Alten Testaments, 2019.

10 Vorher war der sachlich entsprechende Ausdruck »gänzlich« im Gebrauch. Vgl. A.Beutel, Spurensicherung. Studien zur Identitätsgeschichte des Protestantismus, 2013, 165–187; auch ders., ZThK 120, 2023, 392.

11 Systematische Theologie I, 1955, 19; leicht geändert ^{3}1956, 19.

»Die Erde entsteht auf deinen Wink, wie du sie geschaffen hast:
du gehst auf für sie – sie leben,
du gehst unter – sie sterben.
Du bist die Lebenszeit selbst, man lebt durch dich.«[12]

»Du gehst unter« ist im Alten Testament unangemessen oder undenkbar[13]; in Ps 104 lautet die entsprechende Passage:

»Verbirgst du dein Angesicht, erschrecken sie,
nimmst du ihren Odem (Geist) fort, verscheiden sie
und werden wieder zu Staub.
Sendest du deinen Odem (Geist) aus, so werden sie geschaffen,
und du erneuerst das Antlitz der Erde.«[14]

Auch der Psalm spricht die Licht- wie die Schattenseite an, verbindet Tod und Leben, über den Menschen hinaus Schaffen, Erhalten und Erneuern, bezeugt Gottes Freiheit und seine Zuwendung oder Nähe. Sterben geschieht (aber) nicht durch Gottes Abwesenheit, vielmehr durch Gottes Wirken, den Entzug seiner im Geist gegenwärtigen Lebenskraft; Tod und Leben bleiben in einer Hand.[15] Demnach reicht die Bezeichnung »Monotheismus« nicht aus, die Eigenart zu bestimmen.

3.) In einer Erzählung (2 Kön 5,7) erhebt ein König, von dem etwas erwartet wird, das seine Möglichkeiten übersteigt, mit einer Frage einen Einwand, der einen grundsätzlichen Unterschied von Gott und Mensch zum Ausdruck bringt:

»Bin ich denn ein Gott[16], der zu töten und lebendig zu machen vermag?«

---

12 J. Assmann, Ägyptische Hymnen und Gebete (1975) Nr. 92; entsprechend TUAT (Texte aus der Umwelt des Alten Testaments) II/6, 1991, 848ff. Vgl. C. Bayer, Echnaton. Sonnenhymnen: Reclam 18492, 2007.

13 Vgl. Ps 121,4; Jes 40,28f; zu Vorstellungen vom »lebendigen« Gott: W. H. Schmidt, Alttestamentlicher Glaube,[11]2011, 225ff.

14 Ps 104,29f; vgl. 146,4; Hi 33,4; 34,14f; auch Gen 6,3 u.a.

15 Die Gestirne sind geschaffen (Ps 104,19; vgl. Gen 1,14ff u.a.). Das ökumenisch verbreitete Lied »Sonne der Gerechtigkeit, gehe auf zu unsrer Zeit!« schließt an das Bild oder die Metapher »Sonne der Gerechtigkeit« Mal 3,20 an. Gott ist »Sonne und Schild« (Ps 84,12). Vgl. Ps 19,5f u.a.

16 Vgl. Gen 30,1f; 50,19f.: »Bin ich denn an Gottes Statt?«

Geburt und Tod sind zumeist weit auseinanderliegende Phänomene, die auch mit entgegengesetzten Empfindungen verbunden sind. Lassen sie nicht eher auf verschiedene, sich ergänzende oder gar entgegengesetzte, miteinander konkurrierende, göttliche Mächte mit ihren Zuständigkeitsbereichen schließen? Trotz dem tiefen Unterschied, ja der Widersprüchlichkeit der Erfahrungen werden sie aus *einer* Hand genommen. Wie jene Frage voraussetzt und bekundet, umgreift Gottes Wirken eine Polarität, umfasst beides, Erfreuliches und Widriges, Heilvolles und Leidvolles, ja Anfang und Ende des Lebens, Werden und Vergehen.

Dabei kehrt das Alte Testament die »natürliche« Folge »geboren werden – sterben« aber um: Die Macht über Leben und Tod kann Leben nehmen und geben. So wird eine Ausrichtung oder Intention angedeutet und bezeugt: Gottes Walten oder Wirken zielt auf Leben. Sie kann als Hinwendung, barmherzige, liebevolle Zuwendung, entfaltet werden. So bedenkt religiöse Erfahrung nicht unmittelbar die Themen Leben und Tod, wendet sich vielmehr an einen Lebens»grund« und bezeugt mit der Unterscheidung zugleich eine Beziehung.

Das natürlichem Verlauf und menschlichem Einzelleben widersprechende Nacheinander prägt auch den – allgemein wirkenden – Bekenntnissatz im Lied der Hanna (1 Sam 2,6):

> »Er tötet und macht lebendig.«[17]

Ist in diesem Bekenntnis zu Gottes Souveränität, das die Grenzen des Lebens umfängt und das Schicksal als Geschick versteht, nicht zugleich ein Vertrauensanteil enthalten?

Dass Gott auch Widriges wirken kann, bezeugt das Alte Testament oft – etwa mit der Frage:

> »Wer hat dem Menschen den Mund gemacht?
> Oder wer macht stumm oder taub, sehend oder blind?«[18]

17 »Auffällig sind die Partizipialformen, die der Aussage etwas generell Gültiges verleihen.« Sie wirken wie »eine Grundsatzfeststellung über das Wesen Gottes« (W.Dietrich, Samuel: BK VIII/1, 2, 2005, 91). Vgl. thematisch Dtn 32,39; Ps 104,29f (»verscheiden – erschaffen«); auch Ez 17,24 u.a. Das Magnificat, Marias Loblied, nimmt im Bekenntnis zur Macht Gottes die Umkehrung (Luk 1,51ff) auf.

18 Ex 4,11; vgl. 4,24; 5,22; Gen 3,14ff; Aussagen wie 1 Sam 16,14 »ein böser Geist, von Jahwe/dem Herrn gesandt«; in der Botschaft der sog. Schriftpropheten Am 3,6; Jer 1,14; später wieder mit der Folge Unheil – Heil zusammenfassend 1,10 u.v.a.

Nicht als Erklärung von außen, von anderen angeboten oder unterstellt, sondern als Selbst-Einsicht formuliert die Rahmenerzählung des Hiobbuchs (2,10):

> »Das Gute nehmen wir von Gott an –
> da sollten wir das Böse nicht annehmen?« (2,10;
> vgl. in der Dichtung 30,18ff u. a.)[19]

4.) Der Rückbezug des Glaubens auf ein geschichtliches Grundereignis durch »Gedenken« oder »zum *Gedächtnis*« bei Identifikation der jeweils gegenwärtigen mit der »ursprünglichen« oder damaligen Generation.[20]

Zwei Intentionen, die auf den ersten Blick einen Gegensatz zu bilden scheinen, sucht das Alte Testament zu vereinen:

a) die erkannte Einmaligkeit grundlegender vergangener Ereignisse zu bewahren und
b) zugleich ihre bleibende – gleichsam unmittelbare – Bedeutung für die Gegenwart (»für euch«) festzuhalten. Nicht das Grundgeschehen, aber ähnliche Erlebnisse können oder auch sollen sich wiederholen; im »Gedenken« ist Raum für künftige Erfahrungen.

Das Alte Testament hat dieses Gottesverständnis – der Glaube verweist auf Geschichte, von Gott wird erzählt, damals Geschehenes bleibt »gültig« – dem Neuen Testament weitergegeben. Dieses Zeit- und Geschichtsverständnis ist, wie R. Bultmann[21] urteilte, alttestamentliches Erbe.

So lassen sich Gemeinsamkeit und Unterschied, Zusammenhang und Spannung von Altem und Neuem Testament knapp in derselben Struktur bei anderem Bezugspunkt andeuten: Werden die Feste, etwa das Passa, »zum Ge-

---

19 D. Bonhoeffer (»Von guten Mächten«, Evangelisches Gesangbuch, 1966 = EG 65, Strophe 3) nimmt diese Einsicht (»wir nehmen an«) auf:
»Und reichst Du uns den schweren Kelch, den bittern
des Leids, gefüllt bis an den höchsten Rand,
so *nehmen wir* ihn dankbar ohne Zittern
aus Deiner guten und geliebten Hand.«

20 Vgl. Ex 12,14; Dtn 16,3.12; Ps 111,4 u. a.

21 »Es ist das Eigentümliche der christlichen Theologie, daß in ihr die Rede ist vom Handeln Gottes in der Geschichte, … und eben dieses ist ein und vielleicht das bedeutsamste Erbe der alttestamentlichen Tradition.« (R. Bultmann, Glauben und Verstehen II, 1952, 240) – F. Heiler (Erscheinungsformen und Wesen der Religion: RM 1, 1961, 155) nannte die Umdeutung der Naturfeste als Feiern »zum Gedächtnis« »eine der größten Revolutionen der Religionsgeschichte«.

dächtnis« begangen, so feiert die christliche Gemeinde das Mahl »zu *meinem* Gedächtnis«[22].

Die Abendmahlsworte selbst beziehen sich auf zweierlei Weise zurück: Eine Fassung nimmt – entsprechend der Wendung »zu *meinem* Gedächtnis«[23] – die alttestamentliche Verbindung »Das ist das Blut des Bundes, den Jahwe/der Herr mit euch schloss« (Ex 24,8b)[24] abgewandelt auf: »*mein* Blut des Bundes«[25]. Die andere Fassung[26] betont im Anschluss an Jer 31,31 »den neuen Bund« mehr das »Neue«.

5.) Das Bekenntnis zum Schöpfer
Es eröffnet das Alte Testament (Gen 1,1) oder äußert sich beispielsweise im Prädikat »der Himmel und Erde gemacht hat«[27] und ist ebenfalls ein alttestamentliches Erbe.

Jona legt ein Bekenntnis (1,9) ab zum »Gott des Himmels, der das Meer und das Trockene (Land) gemacht hat«.[28] Im Psalm kann die Aussage den Betrachter oder Sprecher einbeziehen: »*Ich* danke Dir, dass ich so wunderbar bereitet bin.«[29] Eine solche Auffassung enthält mit der anerkennenden Einsicht ebenfalls ein Element des Vertrauens und hat Folgen für das Zusammenleben (Spr 14,31; 22,2 u.v.a.).

Wie schon das Nebeneinander der beiden Schöpfungserzählungen[30] zeigt, kann sich der Glaube an den Schöpfer in verschiedenen Vorstellungen und bildhaften Motiven aussprechen; im Umgang mit ihnen verbirgt sich tiefes theologisches Nachdenken.

22 Vgl. 1 Kor 11,24; Lk 22,19; dazu Mk 14,9 »zu ihrem Gedächtnis«.
23 Vgl. zur vorigen Anm.
24 Die begründende Schlusswendung (vgl. 34,27) ist vielleicht später zugesetzt.
25 Mk 14,24; Mt 26,28.
26 1 Kor 11,25; Lk 22,20.
27 Das Bekenntnis (Ps 121,2; 146,6 u.a.) wird im Neuen Testament – verschieden – aufgenommen und bezeugt so zugleich die Identität Gottes (Apg 4,24; 14,15; 17,24; Apk/Offb 14,7; vgl. Mt 5,45; 6,26; Röm 1,25 u.a.).
28 Jon 1,9 hebt die in der Erzählung wichtigen Welt-Elemente (Meer, Erde) hervor.
29 Ps 139,14(f); vgl. 22,10f; 71,5f; 121,1f u.a. Zum Zusammenhang von Wohl und Heil vgl. etwa Jeremias Brief 29,5–7; s.o. zu den Heilsweissagungen für das Südreich (mit Anm. 9).
30 Beide biblischen Schöpfungsgeschichten spiegeln nicht schlicht die gegebene Wirklichkeit wider, deuten vielmehr eine Differenz an zwischen Gottes Schöpfung (ohne Gewalt; vgl. Gen 1,29f mit 9,1f und Gen 2 mit Gen 4) und den bestehenden Bedingungen.

Das Hohelied (7,11ff; vgl. 3,1; Gen 2,23ff) schildert ein unbefangenes Verhältnis der Geschlechter.

Die Gegenwart ist vielfältig in dieses Verständnis einbezogen, etwa:

> »er gibt Speise« (Ps 104,27; 136,25; 145,15),
> oder »er lässt regnen« (Gen 2,5; Ex 16,4 u. a.).

In der Bergpredigt[31] heißt es zu Gottes Wirken in der Schöpfung:

> »Er lässt seine Sonne aufgehen über Böse und Gute,
> und er lässt regnen über Gerechte und Ungerechte.«

6.) Gottes *»Eigenschaften«*
Wenn das Alte Testament von Gott spricht, erzählt es (wie etwa Mose Ex 18,8) durchweg von dem, was er getan hat, oder stimmt (wie Ex 15 oder die Psalmen) ein Lied an. Das Alte Testament kann aber auch »Eigenschaften« oder Wesensmerkmale Gottes hervorheben und bezeugen. Einige Aussagen mögen zumal in bestimmten Situationen eindrücklich und für sie kennzeichnend sein, bleiben aber weit über sie hinaus, ja auf Dauer für die Glaubenserfahrung und Glaubenseinsicht ansprechend oder überzeugend; drei seien genannt:

»lebendig«

> »Meine Seele dürstet nach ... dem lebendigen Gott.« (Ps 42,3)[32]
> Er ist »wahrhaft Gott, lebendiger Gott.« (Jer 10,10)

Die älteste Schrift des Neuen Testaments, ein Paulusbrief (1 Thess 1,9f), beschreibt christlichen Glauben als Hinwendung zum »lebendigen und wahren Gott«, der Jesus »auferweckt hat«[33]. Überlieferung und neue Erfahrung, Bekenntnis zur Identität mit dem im Alten Testament bezeugten Gott und die Ausweitung des Bekenntnisses durch das Zeugnis seiner neuen machtvollen

31 Mt 5,45; vgl. 6,26.

32 Vgl. Ps 84,3 u. a. Bei ihm ist »die Quelle des Lebens« (36,10). Gott, »die Quelle lebendigen Wassers« (Jer 2,13; auch 17,13), erscheint in der Klage: »wie ein Trugbach« (15,18), ein unzuverlässiges Gewässer.

33 Vgl. Gal 1,1; Röm 8,11; 2 Kor 4,14 mit 13,4; Apg 2,24. Eine Ursache für Jesu Tod ist seine in der Nachfolge von Jeremia (Jer 7; 26) u. a. gesprochene Tempelkritik (Mk 13,2).

Tat bilden einen Zusammenhang. Paulus selbst kann seine besondere Beauftragung (Gal 1,15) in prophetischer Tradition darstellen.[34]

»heilig«

Mit dem von Jesaja wahrgenommenen Ruf »Heilig, heilig, heilig – alle Lande sind seiner Ehre voll«[35], den schon das Neue Testament aufnimmt[36], kommt bei der Abendmahlsfeier die Empfindung und Anbetung geheimnisvoller Nähe Gottes zu Wort. Der Gesang der Gemeinde an jeweils ihrem Ort tritt in einen weiten, ja universalen Horizont, wird verstanden als Einstimmung in den himmlischen Chor. In Barockkirchen führen Deckengemälde mit Engelscharen den offenen Himmel anschaulich-bildhaft vor Augen. Ein Lied M. Luthers besingt »Dem Propheten Jesaja das geschah«; vertrauter ist G. Tersteegens Lied »Gott ist gegenwärtig – alles in uns schweige«: »Heilig, heilig, heilig! singen ihm zur Ehre aller Engel hohe Chöre.« Ähnlich heißt es in »Großer Gott, wir loben dich«: Alle Engel rufen dir »Heilig, heilig, heilig«[37] zu.[38]

Wirkt auch die Erwartung, »meinen (Gottes) Namen zu heiligen« (Jes 29,23; vgl. Ps 145,21) im Vaterunser (Lk 11,2; Mt 6,9) nach?

»gnädig«

Das Zeugnis findet sich, gemeinsam mit *»barmherzig«*, in einem Bekenntnis (Ex 34,6f), das eine Reihe[39] von »Eigenschaften« nennt:

> »Jahwe/Der Herr, Jahwe/Der Herr (ist) ein barmherziger und gnädiger Gott, langmütig und reich an Güte/Huld und Treue/Wahrheit.«

---

34 Jeremia weiß sich (nach 1,5) schon im »Mutterleib« »gebildet«, »erkannt« und »geheiligt«. Den Motivzusammenhang nimmt wiederum im Rahmen einer Ich-Rede das Gottesknechtlied (Jes 49,1–5) auf: a) Vorherbestimmung vor der Geburt, b) Berufung für die Völker (schon im Vergleich Jer 2,10–13; dann 4,7 u.a.), c) [nicht wie nach der ursprünglichen Herkunft des Motivs zum Herrschen als König, sondern] zur Verkündigung (vgl. 5,14) und fügt hinzu: d) zum Heil (Jes 49,6 »Licht der Völker«). Entsprechend kann sich Paulus (Gal 1,15) verstehen.

35 Jes 6,3; vgl. Ps 99,3.5.9; 1 Sam 2,2; auch Lev 19,2 u.a.

36 Vgl. Apk/Offb 4,8f. Das Trishagion, das dreifache Sanctus (EG 185), gehört schon früh zum urchristlichen Gottesdienst.

37 EG 165,(1.)2 bzw. 331,2.

38 Das Vernehmen des dreimal »Heilig« in einer Synagoge wurde zum Anstoß für R.Ottos Religionsphänomenologie, in der er den Ruf »Heilig« zur Erfahrung von Religion bzw. zum Ergriffen-Sein überhaupt verallgemeinert: »Das Heilige« (1917 u.v.a.; vgl. Die Christliche Welt 30, 1911, 709). Das »Numinose« erscheint einerseits – wie bei Jesaja (»Wehe mir!«) – erschreckend »tremendum«, andererseits anziehend »fascinosum«, wie es angesichts des brennenden Dornbuschs auf Mose wirkt (Ex 3,3 »Ich will hingehen …«).

39 Vgl. etwa die gemeinsam genannten Prädikationen Dtn 32,4 und Anm. 42; H.Irsigler, Gottesbilder des Alten Testaments I, 2021, 294ff (Lit.).

Obwohl Gott von sich redet, spricht er in 3.Person in Form einer Ausrufung des Namens[40] oder der Anrufung Jahwes/des Herrn.[41] Das Alter dieser sog. Gnadenformel bleibt unsicher und ist strittig. In wechselnden Fassungen begegnet das Bekenntnis etliche Male[42] im Alten Testament; am bekanntesten ist wohl Ps 103, den man geradezu als Auslegung des (V. 8 zitierten) Bekenntnisses verstehen kann.[43] Gottes Eigenschaften oder Wesensbeschreibungen werden zugleich als Fähigkeiten verstanden, die wieder in Handlungen (V. 10.13) übergehen können:

»Nicht nach unseren Sünden handelt er an uns,
und nicht nach unseren Verfehlungen vergilt er uns.«
»Wie sich ein Vater über Kinder erbarmt,
so erbarmt sich Jahwe/der Herr über die, die ihn fürchten.«

Nach dem Jonabüchlein (4,2) gilt die Bekenntnisaussage auch für die *Völker.*[44]

Hat der Prophet Hosea die Zuwendung Gottes als »Liebe« (11,1.4) ausgesprochen, was Jeremia (31,3) aufnimmt, so kann er (Jer 3,12) Gott »gütig« nennen. Kann er bereits aus der Überlieferung auswählen, oder belegt er mit seiner Einsicht eher jeweils eine Vorform auf dem Weg zu dem Bekenntnis hin? Er »ruft« dem Nordreich Israel »zu«, das bereits das Gericht erfahren hat:

»denn ich bin gütig« (vgl. im Bekenntnis Ex 34,6 »reich an Güte«).[45]

Im Bundesbuch (Ex 22,26) folgt auf eine zunächst soziale, fürsorgliche Begründung ein Zeugnis in Gottes Ich-Rede:

40 Vgl. Dtn 32,3; Ex 33,19; Jes 12,4; in Gegenüberstellung zu Baal Hos 2,18f; 1 Kön 18,24ff.

41 In seinem Kommentar (Exodus-Leviticus: HKAT, 1900, 279) deutet B.Baentsch (279): »Indem Jahve seinen Namen ausruft, offenbart er zugleich sein innerstes Wesen, das in diesem Namen zum Ausdruck kommen soll. Dieses besteht ... nach 34,8ff. vor Allem in Gnade und Erbarmen. Demgemäß kündigt er die Erweisung seiner Gnade an.« Der Satz gewinnt »den Charakter einer allgemeinen Sentenz ..., die Jahve als den souveränen Herren seiner Gnadenerweisungen charakterisirt«.

42 Vgl. Ps 86,15; 111,4; 145,8(f); Joel 2,12f; Mi 7,18(f); Neh 9,17.31f; 2 Chr 30,9 u.a.

43 Vgl. M. Metzger, Lobpreis der Gnade: Schöpfung, Thron und Heiligtum: BThSt 57. 2003, 188–209.

44 In die Ausschließlichkeit des Glaubens, die weltweite Anerkennung des einen Gottes in der ganzen Welt, werden sie einbezogen Ps 47,10; 67,4; 83,19; 86,9 u.v.a. Die Hoffnung reicht bis zur Zusage (Jes 19,25): »Ägypten mein Volk«.

45 Der Refrain von Ps 136 (vgl. 106,1; 118,1ff; Jer 33,11) lautet: »denn seine Güte/Gnade währet ewig«. Ps 90,14 enthält die Bitte: »Sättige uns am Morgen mit deiner Gnade, so werden wir ... uns freuen in all unseren Tagen!«

»denn ich bin gnädig«.

Kurz vor dem Bekenntnis Ex 34,6f wirkt das als Ich-Rede gestaltete Gotteswort 33,19 wie eine vorwegnehmende Erläuterung; sie weist entschieden darauf hin, dass bei diesem Thema nicht ein sachlich feststellendes Urteil, vielmehr eine Aussage über *Gottes* Verhalten vorliegt, bei dem er die Initiative hat:

»Ich bin gnädig, wem ich gnädig bin,
und erbarme mich, wessen ich mich erbarme.«

Aus jener überschriftartigen Einleitung des Bekenntnisses »ein barmherziger und gnädiger Gott« (34,6) sind die beiden Prädikate in Gottes »Ich« (33,19) hineingenommen, und das Satzgefüge wird einen Vorbehalt aussprechen. Dieser Einwand scheint Bedenken gegenüber der folgenden allgemeinen, die unterschiedlichen Situationen menschlichen Lebens umgreifenden Aussage von Gottes Barmherzigkeit zu tragen und Gottes Freiheit[46] zu betonen (vgl. das Zitat Röm 9,15f).

In von Jesus bezeugten Worten heißt es:

»Niemand ist gut außer einem, Gott« (Mk 10,18; vgl. Ps 86,5) sowie
»Seid barmherzig, wie euer Vater barmherzig ist!« (Luk 6,36)

7.) Im *Vaterunser*[47] steht schon die Bitte »Dein Reich komme!« in einem Überlieferungszusammenhang mit der Erwartung

»Jahwe/Der Herr wird König sein über die ganze Erde«[48]

und führt sie auf eigene Weise weiter. Der – nicht bei Lukas (11,4), nur in Handschriften bei Matthäus (6,13) bezeugte – Schluss des Vaterunsers greift das Thema auf, um Gottes Herrschaft als schon verborgen gegenwärtig zu bekennen:

»denn dein ist das Reich und die Kraft und die Herrlichkeit in Ewigkeit – Amen.«

---

46 Die Formulierung erscheint offen-unbestimmt: vgl. 3,14; 4,13; auch 2 Sam 15,20; Ges[18] 373 (»ich werde gnädig sein, wem ich will«).

47 Vgl. im Gebet »Du, Jahwe/Herr, bist unser Vater« (Jes 63,16; 64,7; dazu Mal 2,10).

48 Sach 14,9; vgl. zu »König« Jes 6,(3.)5; Aussagen in Psalmen: »König über die ganze Erde« (Ps 47,3.8; vgl. 24,7ff; 29,10; 93; 95,3; 96,10; Ex 15,18; »unser König« Jes 33,22).

Die Doxologie stammt aus alttestamentlichem Gebet[49] und bildet ursprünglich wohl die Antwort der Gemeinde.

So sprechen Christen im Gottesdienst – über »Hallelu-Ja«, »Amen« u.a. hinaus – wie selbstverständlich[50] den Glauben auch mit alttestamentlichen Ausdrucks- oder Redeformen aus. Solche Sprachformen sind nicht ohne Inhalt, setzen Glaubenseinsichten und mit ihnen ein Selbstverständnis voraus; mit der Identität Gottes, wie er im Alten Testament bezeugt ist, kommt zugleich seine Zuwendung zum Ausdruck[51] – bis zum letzten Wort, wenn vor der Entlassung in den Alltag der aaronitische *Segen* ergeht:

> »Jahwe/Der Herr segne dich und behüte dich!
> Jahwe/Der Herr lasse leuchten sein Angesicht über dir ...«[52]

8.) Der *Dekalog*

Die *Zehn Gebote*[53] sind a) in beiden Fassungen (Ex 20; Dtn 5) den Gesetzessammlungen vorgeordnet, weisen b) weithin auf Grenzen eigenen Verhaltens hin, enthalten dabei keine – einer möglichen Tat angemessenen – Strafbestimmungen und werden c) durch die Zusage »*dein* Gott« eingeleitet. Sie sagt die Gemeinschaft vor allem Handeln zu; es erscheint nicht als Voraussetzung, bildet eher die Folge.

Entsprechend den beiden Themenfeldern des Dekalogs, dem Verhalten zu Gott und dem zwischenmenschlichen Verhalten, kann man bildhaft von zwei »Tafeln«[54] sprechen. Jedenfalls bedarf es, um den Dekalog zusammenzufassen oder die Intention wiederzugeben, zweier Aussagen; nur das Doppelgebot der

---

49 1 Chr 29,11f; vgl. Apk/Offb 4,11; 2 Tim 4,18; auch Röm 16,25–27.

50 Wie wenig der Zugang vermittelt oder gebrochen, sondern wie selbstverständlich erscheint, zeigt eindrücklich H.v. Campenhausen, Die Entstehung der christlichen Bibel: BHTh 39, 1968.

51 So können Erzählungen in bildhafter Eindrücklichkeit Erfahrungen mit dem Glauben weitergeben oder Psalmen, wie Ps 23; 51; 90; 130 u.a., zum Nachsprechen einladen. Etwa Ps 51,3 (vgl. 2 Sam 12,13) »Gott, sei mir gnädig!« bezeugt, dass sich der Glaubende direkt an Gott wenden kann, keiner Mittler bedarf.

52 Num 6,24–26. Er ist archäologisch in Silbertäfelchen wohl in einer Vorform bezeugt: ohne »und sei gnädig«. Vgl. A. Yardeni, VT 41, 1991, 176–185; G.Barkay, Tel Aviv 19, 1992, 139–192; W.Thiel, Unabgeschlossene Rückschau: BThSt 80, 2007, 32f; M. Leuenberger, Segen und Segenstheologien im alten Israel: AThANT 90, 2008, 165f.

53 Im Hebräischen ist statt »Zehn Gebote« nur die Wendung »zehn Worte« (Ex 34,28; Dtn 4,13; 10,4) bezeugt.

54 Vgl. Ex 31,18; 32,15; Dtn 4,13; 5,22. Eine inhaltliche Gliederung der »Tafeln« ist nicht angegeben.

Liebe – zu Gott (Dtn 6,5) wie zum Nächsten (Lev 19,18; s.u.) – erfasst diese Spannweite.[55]

Bei dem Aufbau oder in der inhaltlichen Abfolge des Dekalogs bildet das Sabbatgebot einen Übergang.

9.) Die Woche mit der Folge von sechs Arbeitstagen und dem siebten Ruhetag
Die regelmäßige Wiederkehr der Woche ist vor dem Alten Testament nicht bezeugt.

Die eindringliche Forderung nach einem siebten Ruhetag[56] wird in beiden Dekalogfassungen auf verschiedene Weise gegeben. Ein Beweggrund (Ex 20,11; vgl. 31,17) nimmt die Aussage von Gottes Ruhe nach der Schöpfung wohl im losen Anschluss an Gen 1 mit abgewandelter Formulierung auf. Der Dekalog des Deuteronomiums (5,14f) sieht im Sabbat eine soziale Maßnahme. Der Ruhetag »Denke daran, dass du Sklave warst im Lande Ägypten!« steht allen, die zur Familie gehören, auch den Abhängigen und sogar den Haustieren, zu.[57]

Gewiss betont das Neue Testament (Mk 2,27f u.a.) die Freiheit auch gegenüber dem Sabbat. Allerdings war der Sonntag ursprünglich ein Arbeitstag. Erst Konstantin verband ihn mit dem Ruhetag der Sabbatheiligung[58], setzte beide in dieser Hinsicht gewissermaßen gleich. Wird so alttestamentliches Erbe, das die Lebensweise erheblich gestaltet, nicht eine gewichtige soziale Errungenschaft bzw. Einrichtung in der Welt – zumindest in den Staaten, in denen der Sonntag ein gesetzlicher Feiertag ist?

55 Vgl. Mk 12,28ff; Mt 22,37ff.

56 Die Lit. ist vielfältig. Vgl. etwa E.Haag, ThWAT VII, 1993, 1047–1057; zur näheren Begründung W.H. Schmidt, Theologische Einsichten im Exodusbuch: BThSt 194, 2023, 193ff.269f (Lit.).

57 Die ältere Überlieferung (Ex 1,11; vgl. 2,11; 5,5) spricht vom Frondienst. Zu sozialen Folgerungen vgl. ähnlich Ex 23,9.12.15; Lev 19,33ff; 25,42.

58 Vgl. E. Dassmann, Kirchengeschichte II/1, 1996, 44ff; zur »Verschmelzung von Sabbat und Sonntag« TRE 31, 2000, 452f. In unserer Region erfolgte die Übertragung des Ruhegebots auf den Sonntag insbesondere durch Karl den Großen (ebenda 454f). In Asien wurde die biblische Überlieferung durch die britische Kolonialherrschaft einflussreich.

10.) Der Schutz des Nächsten

Eine Unterscheidung gegenüber der Umwelt ist auch im Bereich der *Ethik* schon recht früh durch alte formelhafte Wendungen belegt, wie: »So (etwas) tut man nicht in Israel.«[59]

Mit der sog. II. Tafel ist der Dekalog auf den Schutz des Nächsten ausgerichtet. Die – offenbar absichtlich allgemein formulierten – Verbote suchen bestimmtes Verhalten auszuschließen, lassen aber innerhalb der Grenze, die sie markieren, Raum für die eigene Lebensgestaltung.[60]

Ursprünglich sind nicht Kinder (vgl. Eph 6,1f), sondern Erwachsene[61] angeredet. Darum ruft das Elterngebot nicht zum Gehorsam auf, dient vielmehr dem Schutz der alten Eltern.[62] Dabei gibt es Anlass zum Nachdenken, *wie* die Eltern zu »ehren« sind. Bleibt auf diese Weise nicht Freiheit zu eigener Entscheidung?

Das Verbot des *»Begehrens«* schließt über äußere Machenschaften (Mi 2,2 u.a.) hinaus später wohl auch innere Regungen (Spr 6,25 »in deinem Herzen«; vgl. Hi 31,9), so über die Tat hinaus auch die Gesinnung, ein. Paulus (Röm 7,7) kann das Verbot als Zusammenfassung dienen.[63]

11.) Fürsorge für Bedürftige

Überhaupt prägt das Alte Testament vielfach den *Schutz Bedürftiger* oder die Fürsorge für – sozial, wirtschaftlich und rechtlich – Benachteiligte in der Gesellschaft, wie Witwen und Waisen, ein.[64]

Die Erfahrung als *»Fremdling«*, die nach der Überlieferung Mose machen musste, kann als Begründung dienen, entsprechend zu handeln: »Fremdlinge nicht zu bedrücken«.[65]

---

59 Vgl. Gen 34,7; Ri 19,23; 20,6; 2 Sam 13,12 u.a.

60 Der Lebensraum in der Gemeinschaft bleibt »durchaus unnormiert« (G.v. Rad, TheolAT I[4], 208).

61 Deutlich etwa Ex 20,14.16f.

62 Vgl. die Fürsorge für Alte Lev 19,32. Nach Ex 10,2 scheinen die Großeltern an der Weitergabe der Glaubensüberlieferung beteiligt zu sein.

63 Die Einsicht in Gottes Wirken oder gar dessen Vorrang kann in bestimmten Situationen Folgen für den Menschen haben, ihn zum Verzicht auf eigenes Handeln führen: Die Herstellung des Tun-Ergehen-Zusammenhangs ist nicht seine Aufgabe, sondern Gottes Sache (Spr 20,22; 24,29; vgl. 1 Sam 24,13; Gen 50,20 u.ö.): »Mein ist die Rache, ich will vergelten« (Röm 12,19 nach Dtn 32,35). Vgl. auch Einschränkungen wie Spr 10,22. »Liebe deckt alle Vergehen zu« (10,12; dazu 16,6). So hat sich der Mensch ein »Heimzahlen«, »Abrechnen« oder eine Rache zu versagen. – Die »Beschneidung des Herzens« (Röm 2,29) ist schon eine alttestamentliche Metapher (Jer 4,4 u.a.).

64 Ex 22,21(f); 23,10f; Dtn 10,18; 24,12ff; 27,19; Lev 19,9f.32.33f; Jes 1,17; Jer 7,6; Spr 14,31; 22,22f; 23,10f; Hi 31,13ff u.a.

65 Ex 2,22; 22,20; 23,9; Lev 19,(9f.)33f; Dtn 10,19; 24,17; auch Gen 17,8 u.a. Der Fremdling gilt als Schutzbürger; vgl. die umfangreiche Lit. BK II/2, 510f.548f.

Ein Psalm (119,19) bezeichnet den Menschen allgemein als »Fremdling/ Gast auf Erden«.

In jenen verschiedenartigen Geboten scheint das Liebesgebot konkret gefüllt oder aufgegliedert zu sein; sie sind von ihm mitumfasst. Historisch gehen jedoch spezifische, differenzierende Gebote voraus.

12.) »*Liebe* deinen *Nächsten* – wie dich selbst!«[66]
Das Alte Testament hat dieses Gebot erst selbst gebildet[67], wohl aus Schutzgeboten verallgemeinert. Der »*Nächste*«, von dem auch das neunte und zehnte Gebot des Dekalogs (Ex 20,16f) sprechen, bezeichnet zunächst »den Menschen der näheren Umgebung«[68], wie den Nachbarn[69]. Voraus geht wohl das Verbot, das Recht des Nächsten zu beugen.[70]

In seinen Einsichten, auch in ethischen Überlegungen, wie in seinen Erwartungen kann das Alte Testament Grenzen übersteigen. Der Aufruf »Suchet der Stadt Bestes!«, Motto christlicher Sozialethik, ist bei Jeremia (29,7) auf die fremde Bedrückermacht bezogen.

13.) Vielfältig stellt das Alte Testament die Vergänglichkeit oder Flüchtigkeit des Lebens dar (Gen 2,7; 3,19; Hi 14,1 f.7-12 u.v.a.).

Aber (Ps 103,14): Gott weiß es, »gedenkt, dass wir nur Staub sind.«

Der Tod kann, wie schon erwähnt, als Walten Gottes verstanden werden (Ps 90,3 »Du lässt den Menschen wieder zu Staub werden«; vgl. V. 12 »Lehre ...!«).

---

66 Lev 19,18; auch übersetzt: »er ist wie du«; vgl. »lieben« 19,34; Dtn 10,18; dazu Spr 3,28 f.

67 Vgl. H. P. Mathys, Liebe deinen Nächsten wie dich selbst: OBO 71 (^{2}1990); dazu W. H. Schmidt/H. Delkurt/A. Graupner, Die Zehn Gebote im Rahmen alttestamentlicher Ethik: EdF 281 (1993) 147ff.

68 Der Nächste meint »weithin ganz allgemein den Menschen der näheren Umgebung, mit dem man durch das tägliche Leben – durch Nachbarschaft, gemeinsame Arbeit oder zufällige Begegnung – in Berührung kommt« (J. Fichtner, Der Begriff des »Nächsten« im Alten Testament: Gottes Weisheit, 1965, 88–114, bes. 95; dazu ThWAT VII, 1993, 545–555). So bedeutet der Ausdruck meist faktisch, aber nicht grundsätzlich oder von vornherein ausschließlich den Volksgenossen (vgl. einen anderen Begriff Lev 19,11.15.17 u. a.).

69 Dtn 27,17; vgl. 19,14; vgl. Ex 33,11 »wie zu einem Freund«.

70 Dtn 24,17; 27,19; Sach 7,9f; Lev 24,22; Ex 12,49; dazu Ex 23,1.7 u. a. Vgl. auch die allgemeine Formulierung Lev 19,13, den Nächsten nicht zu bedrücken.

Falls das Alte Testament in die Fragestellung nach einer den Tod übergreifenden Hoffnung einbezogen wird, ist nicht nur von Auferstehung zu reden; angemessener ist etwa:

Hoffnung gegen den Tod, im Tod oder über ihn hinaus.

Unter Zurückstellung von Vorstellungen (über ein »Jenseits«) kommt es gelegentlich zu einem Bekenntnis bleibender Gemeinschaft mit Gott.

Mit der Hoffnung auf Gottes Zuwendung in Ps 73 wird eindeutig die Grenze überschritten. In der Anrede des Gebets Ps 73,23–26, einem viergliedrigen Bekenntnis, bilden (am Anfang V. 23a) die überschriftartige Zusammenfassung

»Doch (Luther: Dennoch) bleibe ich stets bei dir«

und (am Ende V. 26) die abschließende Bekräftigung:

»Fels meines Herzens, Gott ist auf ewig mein Teil/Anteil«

den Rahmen.

Diese allgemeinen Aussagen werden in der Mitte in zwei Richtungen entfaltet:

a) V. 23f: Vertrauensaussage: Gottes Verhalten zum Beter (pro me)
»Du hast meine rechte Hand ergriffen.
Nach deinem Rat leitest du mich
und *nimmst* mich hernach (in) Herrlichkeit *auf.*«

b) V. 25f: Des Menschen/Beters Verhalten zu Gott (ad te)
»Wen habe ich im Himmel (außer dir)? …«

Der Beter hat auch im himmlischen Hofstaat keinen Fürsprecher, der für ihn eintritt.

»Mögen mein Fleisch/Leib und mein Herz vergehen …«

Ähnlich lautet Ps 49 trotz der bitteren Einsicht (V. 13) »Der Mensch … ist *dem Vieh gleich*« das Vertrauensbekenntnis (V. 16) mit der Zuversicht:

»Gott aber wird meine Seele/mein Leben/mich *erlösen*
aus der Gewalt der Scheol/Unterwelt; denn/ja er *nimmt* mich *auf.*«

Vgl. auch Hi 19,25f; dazu Lk 23,43 (»heute noch …«).

14.) Ps 22 bezeugt einerseits (V. 2; vgl. Mk 15,34; Mt 27,46) die Spannung von Vertrauen (»mein Gott«) und Verlassen-Sein, andererseits (Ps 22,29):

»JHWH/dem Herrn gehört das Königtum/Reich.«[71]
»›Nur vor ihm‹ werden niederfallen« alle in der Erde/im Staub (V. 30).

Entgegen der Erkenntnis: Die Toten preisen Gott nicht, können sie zittern, Gott fürchten (Hi 26,5).

Eine Hoffnung auf Auferstehung bezeugt Jes 26,19.

Dan 12,2 erwartet eine Auferweckung mit Aufteilung der Erweckten:

»die einen zum ewigen Leben,
die anderen zu ewiger Schmach und Schande«.[72]

In seiner 1 Kor 15 entworfenen Zukunftshoffnung kann Paulus alttestamentlichen Erwartungen entsprechen oder sie aufnehmen.[73]

Jesu Tod kann als Gottes Tat – in Heilsabsicht – verstanden werden:

»Er gab ihn dahin/lieferte ihn aus.«[74]

Auch die Auferstehung kann als Wirken Gottes ausgesagt werden:

der Jesus »*auferweckt* hat«.[75]

15.) *Allen Menschen* wird die *Gottebenbildlichkeit,* welche die Besonderheit dieses Geschöpfs innerhalb der Schöpfung bedenkt oder bestimmt (Gen 1,26ff), unabhängig von Volkszugehörigkeit, Geschlecht oder sozialem Rang zugesprochen – auch nicht vom menschlichen Verhalten abhängig gemacht[76], hat aber Folgen (Gen 9,6) für das Handeln. In der Anrede verweist Ps 8 (V. 5f) auf eine Spannung und bekräftigt den Charakter der Gabe:

71 Gottes Königsherrschaft bzw. »Reich«; vgl. o. zum Vaterunser Anm. 48.

72 Im Anschluss an das Matthäus-Evangelium (25,31ff) malte Michelangelo gegen M.Luther an die Wand der Sixtinischen Kapelle das Weltgericht.

73 »Allein/einzig«: Sach 14,9 (vgl. Jes 2,17; 60,19f) Gott allein 1 Kor 15,24.28 und (nach Jes 24,23) Jes 25,8: Er wird »den Tod vernichten«, aufgenommen 1 Kor 15,26.54 und die Tränen »abwischen« Apk/Offb 21,4.

74 Röm 8,32; vgl. 4,25; im Abendmahlswort 1 Kor 11,23; auch Gal 2,20; Joh 3,16f.

75 1 Thess 1,9f (o. bei Anm. 32–33). Gal 1,1; Röm 8,11; 10,9; Apg 2,24 u.a.

76 Selbst mit dem Mörder *spricht* Gott (innerhalb einer anderen literarischen Schicht Gen 4,8–15), hört Kains Klage, redet ihn weiter an, ja gewährt ihm mit dem Zeichen Schutz. Insofern wird auch dieser Mensch nicht ent-würdigt. Die Person ist mit ihrer Tat nicht identisch, gleichsam mehr als ihre Tat. Auf diese Weise klingt nach der Untat die Unterscheidung von Täter und Handeln, Person und Werk oder auch Sünder und Sünde an. Dem Menschen bleibt Gott zugewandt. Behält Kain im Verlauf der vorliegenden Urgeschichte (1,26ff; 5,1; 9,6) nicht auch die Gottebenbildlichkeit?

»Was ist der Mensch, dass du seiner gedenkst ...?
Du krönst ihn mit Herrlichkeit/Würde ...«

Die Ausdrucksweise, wie »krönen« oder »Herrlichkeit« (Ps 21,6), erinnert an den Hintergrund: die königliche Tradition.

Auch die Hoffnung auf Zuwendung zu einem Gott kann weltweit bis in die Heimat der Völker reichen:

»Ihn werden verehren alle Inseln der Völker,
jedermann von *seiner* Stätte.«[77]

Vom *König* enthält das Alte Testament vielfach kritische Überlieferungen, sei es in Einzelerzählungen (wie 2 Sam 12; vgl. Ps 51,2) oder allgemeineren, gar grundsätzlicheren Aussagen.[78]

Das traditionsreiche Bild königlicher Macht und Herrschaft kann auch in einer »bis an die Enden der Erde« reichenden Friedens-Erwartung (Sach 9,9f) umgedeutet werden:

»Siehe, dein König kommt zu dir;
gerecht und hilfsbedürftig (auf Hilfe angewiesen und Hilfe erfahrend;
in der griechisch-lateinischen Übertragung: ein Helfer)
ist er, arm und reitet auf einem Esel ...
Er verkündet Frieden den Völkern ...«[79]

»Er ist gerecht, ein Helfer wert; Sanftmütigkeit ist sein Gefährt« schließt sich das Adventslied an.[80]

Wenigstens erwähnt sei die vielfältige Nachwirkung in der Kunst, sei es der Malerei, Literatur oder der Musik – auch als Zeichen:

77 Zeph 2,11; vgl. 1,11; Jes 19,21; 66,21. Vgl. o. Anm. 44.
78 Vgl. Ps 20,8f; 33,14–18; 147,10f u. a.; auch Dtn 17,14; Ri 9,7ff.
79 Vgl. von Mose »Der Mensch Mose war sehr demütig« Num 12,3; weitergehend Jes 53,2ff.
80 »Macht hoch die Tür!« (EG 1, Str. 2) schließt an Ps 24,7–10 an. Ausdrücklich bezieht sich das Weihnachtslied (EG 30; 31): »Es ist ein Ros (eigentlich: Reis; d. h. Zweig) entsprungen ..., wie uns die Alten sungen, von Jesse kam die Art« zurück (Jes 11,1f).

16.) Die drei gängigen *Friedenssymbole* haben alttestamentlichen Hintergrund; sie führen den Unterschied zur gegenwärtigen Realität vor Augen, bleiben so Anregung oder Anstoß:

- Taube mit Ölzweig (Gen 8,11),
- Regenbogen (9,12ff) und
- Schwerter zu Pflugscharen (Jes 2,4; Mi 4,3).